toda poesia de augusto dos anjos

toda poesia de augusto dos anjos

Com estudo crítico de
Ferreira Gullar

10ª edição

Rio de Janeiro, 2022

Estudo crítico © Ferreira Gullar

Carlos Drummond de Andrade © Granã Drummond
(www.carlosdrummond.com.br)
A educação pela pedra © by herdeiros de João Cabral de Melo Neto

CIP-BRASIL. CATALOGAÇÃO NA FONTE
SINDICATO NACIONAL DOS EDITORES DE LIVROS, RJ

A619t	Anjos, Augusto dos, 1884-1914
10ª ed.	Toda poesia / Augusto dos Anjos. – 10ª ed. – Rio de Janeiro: José Olympio, 2021.
	318p.: 21cm

Conteúdo parcial: Augusto dos Anjos ou Vida e morte nordestina: estudo crítico de Ferreira Gullar.
ISBN 978-85-03-01094-8

1. Anjos, Augusto dos, 1884-1914 – Crítica e interpretação. 2. Poesia brasileira – História e crítica. I. Gullar, Ferreira, 1930- Augusto dos Anjos ou Vida e morte nordestina. II. Título.

	CDD: 869.91
16-3064	CDU: 821.134.3(81)-1

Este livro foi revisado segundo o Novo Acordo Ortográfico da Língua Portuguesa.

Reservam-se os direitos desta edição à
EDITORA JOSÉ OLYMPIO LTDA.
Rua Argentina, 171 – 3º andar – São Cristóvão – Rio de Janeiro, RJ – 20921-380
Tel.: (21) 2585-2000

Atendimento direto ao leitor:
sac@record.com.br

Impresso no Brasil
2022

SUMÁRIO

AUGUSTO DOS ANJOS OU
VIDA E MORTE NORDESTINA (*Ferreira Gullar*)   15

EU

Monólogo de uma sombra	85
Agonia de um filósofo	92
O morcego	93
Psicologia de um vencido	94
A ideia	95
O lázaro da pátria	96
Idealização da humanidade futura	97
Soneto [Agregado infeliz de sangue e cal,]	98
Versos a um cão	99
O deus-verme	100
Debaixo do tamarindo	101
As cismas do destino	102
Budismo moderno	118
Sonho de um monista	119
Solitário	120
Mater originalis	121
O lupanar	122
Idealismo	123
Último credo	124
O caixão fantástico	125
Solilóquio de um visionário	126
A um carneiro morto	127

Vozes da morte	128
Insânia de um simples	129
Os doentes	130
Uma noite no Cairo	148
O martírio do artista	150
Duas estrofes	151
O mar, a escada e o homem	152
Decadência	153
Ricordanza della mia gioventú	154
A um mascarado	155
Vozes de um túmulo	156
Contrastes	157
Gemidos de arte	158
Asa de corvo	165
Versos de amor	166
Sonetos	168
Depois da orgia	170
A árvore da serra	171
Vencido	172
O corrupião	173
Noite de um visionário	174
Alucinação à beira-mar	177
Vandalismo	178
Versos íntimos	179
Vencedor	180
A ilha de Cipango	181
Mater	184
Poema negro	186
Eterna mágoa	191
Queixas noturnas	192
Insônia	195
Barcarola	198
Tristezas de um quarto minguante	201
Mistérios de um fósforo	205

POEMAS ESCRITOS ENTRE 1900 E 1914, NÃO RECOLHIDOS EM LIVRO PELO AUTOR

Viagem de um vencido	211
O Último Número	216
O lamento das coisas	217
Aos meus filhos	218
Canto de onipotência	219
Anseio	220
Apocalipse	221
Aberração	222
Minha finalidade	223
Revelação	224
Noli me tangere	226
Ultima visio	227
Apóstrofe à carne	228
O meu nirvana	229
Caput immortale	230
Louvor à unidade	231
O pântano	232
Suprème convulsion	233
A um gérmen	234
Natureza íntima	235
A floresta	236
A meretriz	237
Guerra	243
O sarcófago	244
Hino à dor	245
A dança da psiquê	246
O poeta do hediondo	247
A fome e o amor	248
Homo infimus	249
Numa forja	250
O canto dos presos	253
Vítima do dualismo	254
Ao luar	255

A um epilético	256
Minha árvore	257
À mesa	258
Mãos	259
Versos a um coveiro	260
Trevas	261
As montanhas	262
A nau	264
Volúpia imortal	265
O fim das coisas	266
A noite	267
A obsessão do sangue	268
Vox victimae	269
Mágoas	270
O condenado	271
Soneto [Ouvi, senhora, o cântico sentido]	272
Infeliz	273
Soneto [N'augusta solidão dos cemitérios,]	274
Noivado	275
Soneto [No meu peito arde em chamas abrasada]	276
Triste regresso	277
Amor e religião	278
Soneto [Canta no espaço a passarada e canta]	279
Saudade	280
A esmola de Dulce	281
Soneto [Gênio das trevas lúgubres, acolhe-me,]	282
O mar	283
Soneto [Aurora morta, foge! Eu busco a virgem loura]	284
Soneto [Canta teu riso esplêndido sonata,]	285
Cravo de noiva	286
Plenilúnio	287
Dolências	288
Cítara mística	289
Súplica num túmulo	290
Afetos	291
Martírio supremo	292

Régio   293
Mártir da fome   294
Idealizações   295
Festival   300
A vitória do espírito   301
Noturno   304
Soneto [Para quem tem na vida compreendido]   305
O negro   306
Senectude precoce   307
André Chénier   308
Mystica visio   309
Canto íntimo   310
Ilusão   312
Gozo insatisfeito   313
A luva   314
A caridade   316

NOTA DA EDITORA

As primeiras 58 poesias apresentadas neste volume compõem, na mesma ordem, o livro *Eu*, de Augusto dos Anjos, editado pela primeira vez no Rio de Janeiro, em 1912, ainda em vida do poeta e às suas expensas.

Seguem poemas não reunidos pelo autor em livro, com indicação da data de sua primeira publicação (quando conhecida). Encerra o volume o poema "A caridade", de 18 de agosto de 1914, três meses antes da morte do poeta.

AUGUSTO DOS ANJOS
OU
VIDA E MORTE NORDESTINA

FERREIRA GULLAR

A poesia sopra onde quer.

Murilo Mendes

I

No Engenho do Pau d'Arco, na Paraíba, nas ruas do Recife e de João Pessoa, nos primeiros anos deste século, cismava, sofria, escrevia poemas, um homem jovem, magro e taciturno, que se tornaria conhecido na história da literatura brasileira pelo nome de Augusto dos Anjos.

> Nascido e criado sob o regime rural do patriarcalismo, alimentado com leite de escrava, Augusto (de Carvalho Rodrigues) dos Anjos descende pelo lado materno de antigos senhores de terras, os Fernandes de Carvalho, proprietários de engenhos na várzea da Paraíba, à margem do Rio Una, um dos afluentes do rio maior.[1]

Nasceu a 20 de abril de 1884. Em 1892, os dois engenhos de propriedade da família, o Pau d'Arco e o Coité, arcaicos, movidos a água, são hipotecados. Com a baixa do preço do açúcar e da aguardente, a situação financeira da família se agrava, o Coité é vendido, como o seria também, mais tarde, o próprio Pau d'Arco, residência dos Carvalho, onde Augusto escrevera tantos de seus poemas. O pai do poeta, dr. Alexandre Rodrigues dos Anjos, vítima de um insulto cerebral, está imobilizado numa cama. Morre em 1905. O tio, dr. Aprígio Carlos

---

[1] BARBOSA, Francisco de Assis. "Notas Biográficas" *in Eu*. 30ª ed. Rio de Janeiro: Livraria São José, 1965.

Pessoa de Melo, morre em 1908. Dois anos depois, a família se desfaz do Pau d'Arco, do qual já se mudara, transferindo-se para a casa da rua Direita, 103, na cidade.

É nesse ambiente de decadência, doença e luto que vive Augusto dos Anjos. Mas o que desmorona não é apenas sua própria família: é todo um amplo setor da classe latifundiária do Nordeste atingida pelas transformações econômicas, sociais e políticas das últimas décadas: a abolição da escravatura, a proclamação da República, a construção da The Conde d'Eu Railway Company Limited, o estabelecimento da Companhia de Engenhos Centrais anglo-holandesa.[2] É a penetração do capitalismo que, se por um lado significa progresso, por outro agrava a miséria legendária da região. Assim, tudo em sua volta parece estar morrendo, desmoronando:

> *E eu me converta na cegonha triste*
> *Que das ruínas duma casa assiste*
> *Ao desmoronamento de outra casa!*

No ambiente universitário do Recife, em cuja Faculdade de Direito se formará em 1907, Augusto entrará em contato com o espírito cientificista que se tornara tradição da famosa Escola do Recife, a partir de Tobias Barreto. Ali, certamente, tomou conhecimento das várias doutrinas derivadas do materialismo e do evolucionismo (Comte, Haeckel, Darwin, Spencer), que marcariam profundamente sua visão de mundo e sua poesia.

Lendo Spencer convenceu-se de que a ciência é incapaz de penetrar a essência das coisas — o incognoscível —, a realidade absoluta que seria fonte de todo o conhecimento humano; que o evolucionismo não era um fenômeno limitado aos seres

---
[2] *Ibidem.*

vivos mas se estenderia a todo o mundo material e também à sociedade humana. Com Haeckel aprendeu que a monera estava na origem de todos os seres animais. Dessas concepções materialistas, atingiu-o sobretudo a noção da morte como fato material, da vida como um processo químico dentro do qual o corpo humano não era mais que uma organização "de sangue e cal", condenada inapelavelmente ao apodrecimento e à desintegração. A isso veio somar-se a influência de Schopenhauer, com seu idealismo voluntarista que nega o progresso histórico, afirma que a essência do mundo é uma vontade cega e apresenta como única perspectiva para o homem, condenado ao sofrimento, o aniquilamento da vontade de viver. Essa filosofia negativa se tornava tanto mais aceitável para Augusto dos Anjos porque apresentava a arte como o caminho para atingir a ideia de Homem Absoluto.

Tanto a filosofia de Spencer como a de Schopenhauer refletem a atitude de setores da sociedade europeia em face do avanço da ciência e da técnica. Por caminhos diversos, chegam ambos a uma concepção negativa do processo social e do destino humano. O Nordeste de Augusto dos Anjos não conhecia nem as conquistas científicas nem os avanços sociais e econômicos contra os quais surgiram aquelas filosofias. No entanto, na dialética da cultura dependente, elas se tornam, para o poeta, a expressão do desmoronamento do seu mundo pré-industrial. De fato, na realidade que o rodeava — marcada pela miséria física e social das famílias falidas, dos caboclos e negros famintos, do tio louco a vagar pelos matos — era difícil descobrir argumentos para contestar o niilismo que aprendera nos livros. Pelo contrário, tudo o confirmava.[3] E, mais que isso, oferecia-lhe, senão um consolo, pelo menos uma expli-

---

[3] REGO, José Lins do. "Augusto dos Anjos e o Engenho do Pau d'Arco" *in Augusto dos Anjos — Textos críticos*. Brasília: INL, 1973.

cação para aquele mundo que se deteriorava — e lhe permitia emprestar-lhe dimensões de tragédia universal.

O filho do dr. Alexandre e dona Córdula, que caminha (ou imagina caminhar) agora pelas ruas escuras e pontes do Recife, sob "o fósforo alvo das estrelas", é a testemunha perplexa e atormentada da grande tragédia. A sua visão abarca todos os fenômenos e todas as eras, desde sua origem como "larva do caos telúrico" até "o vagido de uma outra Humanidade", desde a "miséria anatômica da ruga" até as eterizações da "energia intra-atômica liberta". Mas essa capacidade de generalização e abstração não o desliga da realidade menor dos bezerros que são arrastados para os açougues, dos cães "ganindo incompreendidos verbos", do tamarindo que o machado abate, das negras quitandeiras, do corrupião que a gaiola fez triste, dos índios que a civilização esmagou, dos escravos que trabalham para os brancos, dos indigentes que são enterrados nus, dos tuberculosos, dos leprosos, dos bêbados, das prostitutas, de sua ama de leite Guilhermina ("que roubava a moeda que o Doutor me dava"), do finado Toca ("que carregava cana para o engenho").

Augusto caminha e ouve, dentro da noite, o apelo de todas essas criaturas, e também dos seres microscópicos, dos germes, das montanhas, que lhe pedem para falar por eles. Ao mesmo tempo que, dentro do poeta, uiva "a matilha espantada dos instintos", alucinações o perturbam, visões macabras, vozes, o atormentam, enquanto pressente "o trabalho genésico dos sexos/fazendo à noite os homens do futuro". É o processo interminável da natureza a gerar e destruir o que gerou, essa madrasta que, avara, esconde o sentido da existência e tudo reduz a "uma teleologia sem princípios". Para tentar decifrar o enigma do mundo, o poeta desce ao inferno dos leprosários, se confunde com os tuberculosos, come pratos de vermes, devora olhos humanos e sobe às alturas celestiais:

> *Vestido de hidrogênio incandescente,*
> *Vaguei um século, improficuamente,*
> *Pelas monotonias siderais...*

Mas nem assim consegue entender a razão por que a natureza cria "a luz do cérebro que pensa" para depois dissolvê-la na "*noumenalidade* do NÃO SER".

> *A passagem dos séculos me assombra.*
> *Para onde irá correndo minha sombra*
> *Nesse cavalo de eletricidade?!*

Recife, o Engenho do Pau d'Arco não são mais apenas Recife e o Engenho. São também um "lugar do Cosmos", um ponto qualquer do universo e do tempo, onde Augusto, com sua consciência — "última luz tragicamente acesa na universalidade agonizante" —, indaga e sofre o mistério da existência. Jamais, antes dele, na poesia brasileira, essa indagação se fizera em tal nível de urgência existencial e de expressão poética.

II

A leitura cronológica da poesia brasileira das últimas décadas do século passado até a primeira deste século permite constatar, quando se chega ao *Eu*, de Augusto dos Anjos, uma mudança de qualidade, um salto. Poucos críticos o perceberam até agora e mesmo estes não se deram ao trabalho de aprofundar a observação feita.[4] A tendência mais comum da crítica espe-

---

[4] "Ele é, entre todos os nossos poetas mortos, o único realmente moderno, com uma poesia que pode ser compreendida e sentida como a de um contemporâneo". LINS, Álvaro. "Augusto dos Anjos, poeta moderno" *in Augusto dos Anjos — Textos críticos, op. cit.*

cificamente literária com respeito a Augusto ou é superficialmente laudatória ou procura justificar suas virtudes de poeta apesar do seu linguajar cientificista e de seu "mau gosto". Não resta dúvida de que esses dois traços da poesia de Augusto dos Anjos oferecem dificuldades a que se perceba o que ela traz de realmente novo, o que significa de avanço como formulação poética, como expressão verbal, no processo literário brasileiro. Parece-me, por isso, necessário, a fim de melhor apreendermos a contribuição desse poeta, tentar definir o contexto literário em que sua obra surgiu. Mais especificamente: como era a poesia brasileira naquele momento.

Estabeleçamos, primeiro, alguns pontos de referência. No ano de 1900, passagem do século, Augusto dos Anjos tem 16 anos. Nesse ano, publicam-se *Faróis*, de Cruz e Sousa, *Poesias*, de Alberto de Oliveira. Em 1902, aparecem as *Poesias*, de Olavo Bilac, *Kyriale*, de Alphonsus de Guimaraens, e dois livros de prosa que convém mencionar pelo caráter de sua linguagem: *Canaã*, de Graça Aranha, e *Os sertões*, de Euclides da Cunha, especialmente este, com o qual o poeta tem evidente afinidade.[5] Os *Últimos sonetos*, de Cruz e Sousa, vêm à luz em 1905; no ano seguinte, as *Poesias*, de Raimundo Correia; em 1908, *Poemas e canções*, de Vicente de Carvalho. Vemos, assim, que, na época em que Augusto forjava os instrumentos de sua expressão poética, o parnasianismo e o simbolismo eram as duas tendências atuantes na poesia brasileira. Tanto uma como outra influíram na sua formação, conforme está evidente em seus poemas, mas a nenhuma delas se filiou, como é fácil de compreender se se considera a diferença radical entre sua visão de mundo e a dos parnasianos e simbolistas. Essa visão de mundo — que não se esgota nas ideias filosóficas de que parte — elabora uma lin-

---

[5]BARROS, Eudes. *A poesia de Augusto dos Anjos*. Rio de Janeiro: Gráfica Ouvidor Editora, 1974.

guagem poética que assimila e supera aquelas influências. Do parnasianismo, Augusto herdou, sobretudo, o verso conciso, o ritmo tenso e a tendência ao prosaico e ao filosofante; do simbolismo, além do gosto por palavras-símbolo com maiúscula, o recurso da aliteração e certos valores fonéticos e melódicos. Todos esses elementos aparecem mesclados em seus poemas, transformados por uma empostação original que os utiliza livremente, como meio. Não há nele a preocupação formalista mas, antes, a busca de uma linguagem intensa que, por barroca que seja, jamais é meramente ornamental.[6]

Se a sinceridade na expressão dos sentimentos era a pedra de toque da poesia romântica, para os parnasianos importava o rigor da expressão, a perfeição da forma, que se torna mesmo tema explícito dos sonetos:

> *Longe do estéril turbilhão da rua,*
> *Beneditino, escreve! No aconchego*
> *Do claustro, na paciência e no sossego,*
> *Trabalha, e teima, e lima, e sofre, e sua!*
>
> *Mas que na forma se disfarce o emprego*
> *Do esforço; e a trama viva se construa*
> *De tal modo, que a imagem fique nua,*
> *Rica mas sóbria, como um templo grego.*
>
> Olavo Bilac

A busca da forma correta e precisa conduz a uma questão mais complexa que é a da inadequação dessa forma aos sentimentos mais fundos, às ideias mais sutis:

---

[6]Na formação poética de Augusto participam, sem dúvida, influências de alguns autores estrangeiros. Agripino Grieco aponta a influência de Cesário Verde, que Otto Maria Carpeaux também aceita. Outros autores citam, a esse respeito, Guerra Junqueiro e António Nobre. O próprio Augusto admite, indiretamente, Shakespeare e Dante. Há, creio, quase unanimidade quanto à influência exercida sobre o poeta paraibano por Baudelaire.

O Pensamento ferve, e é um turbilhão de lava;
A Forma, fria e espessa, é um sepulcro de neve...
E a Palavra pesada abafa a Ideia leve,
Que, perfume e clarão, refulgia e voava.

Olavo Bilac

Em Augusto dos Anjos também se encontra esse "martírio do artista", mas colocado, não como uma limitação técnica, e sim como incapacidade orgânica do homem: a ideia, produto molecular de "desintegrações maravilhosas",

Chega em seguida às cordas da laringe,
Tísica, tênue, mínima, raquítica...

Quebra a força centrípeta que a amarra,
Mas, de repente, e quase morta, esbarra
No molambo da língua paralítica!

Tal colocação do problema da expressão é bem indicativa da diferença entre a poética de Augusto e a dos parnasianos: a expressão não aparece como um trabalho objetivo, exterior ao homem, mas quase como uma segregação orgânica, e a linguagem se confunde com o aparelho da fala: a laringe, a língua. É um modo grosseiro de apreender o problema da expressão? Sobretudo, é revelador de uma atitude poética que se situa como anterior à arte poética. E, se se considera que Augusto não ignorava os poetas de seu tempo — pois se influenciou por eles — seu trabalho poético resulta de uma redução das formas parnasianas e simbolistas, de uma ruptura radical com uma visão meramente "literária" da poesia: o abandono, pelo poeta, das alturas olímpicas e das dimensões oníricas, para reencontrar a realidade banal, bruta, antipoética, que é a sua matéria.

Amo o esterco, os resíduos ruins dos quiosques

Na época em que Augusto faz semelhante afirmação, no ambiente literário brasileiro impera a futilidade. Como observou Francisco de Assis Barbosa, o *Eu* aparece num período em que "predominava" a literatura chamada "sorriso da sociedade". Conforme o testemunho de Gilberto Amado, multiplicavam-se as conferências sobre temas como "Casar é bom..." e, como réplica, "...Mas não casar é melhor".

> A moda das conferências literárias, propagada do Rio, contagiara o Recife. Afigura-se hoje incompreensível o espetáculo de futilização intelectual de um país inteiro, igual ao que nos oferecia o Brasil nesse período.

Certamente não desciam a essa futilidade poetas como Bilac, Alberto de Oliveira ou Vicente de Carvalho. Mas não estaremos longe da verdade se dissermos que essa subliteratura é também decorrência de uma concepção literária anterior que, no fundamental, descarta as questões verdadeiras e, quando as toma como tema, toma-as "literariamente", sem um compromisso mais profundo com elas. Tal atitude em face da literatura (e da vida) é produto, por um lado, das condições sociais objetivas e, por outro, das condições específicas da cultura dependente, como se deduz das observações de San Tiago Dantas:

> Numa sociedade economicamente deprimida, sem iniciativas privadas em perspectiva ou em desenvolvimento, sem tarefas administrativas, impossíveis diante da austeridade forçada pela míngua orçamentária, eram as letras o ponto alto, e nelas se concentrava o labor da elite, tanto quanto a atenção das classes intermediárias. Naquela sociedade em que a literatura era a única forma superior de viver, um ataque como o que Rui desferiu no Projeto do Código Civil era de molde a aniquilar todo o esforço aprobatório que se comunicara à máquina parlamentar.

A literatura era "a única forma superior de viver" mas raramente era a forma superior de compreender a realidade. Como observa Nelson Werneck Sodré,

> não é por acaso que o parnasianismo, na poesia e na prosa, acompanha o apuro de uma erudição linguística que motiva o mandarinato das questões filológicas. A grande questão da época é a controvérsia de que surge a *Réplica*, e os sabedores acompanham atentamente as razões de Carneiro Ribeiro e Rui Barbosa, enquanto os mestres do direito esquecem o conteúdo do Código Civil para travar o debate em torno da redação dos seus artigos e parágrafos.[7]

As questões de forma superavam as questões de fundo. A literatura era expressão da erudição e, portanto, a "melhor" literatura era aquela que refletia a lição dos clássicos. Quase nunca a lição profunda, mas seus aspectos exteriores e, na maioria dos casos, a mera alusão a eles, a citação. Prisioneiro das formas e das fórmulas, o poeta vê a realidade filtrada por símbolos e metáforas que a desmaterializam, literatizam. Mesmo um poeta como Raimundo Correia, inconformista por temperamento, raramente consegue romper essa trama verbal que oculta o mundo e amortece as sensações. Em Augusto dos Anjos — que também paga um preço à "erudição" —, essa trama parcialmente se rompe, a realidade explode aqui e ali na linguagem rude e às vezes incontrolada, mas viva quase sempre. A leitura dos poemas evidenciará o que afirmo. Tomemos, a título de exemplo, um quarteto do soneto "O ninho", de Alberto de Oliveira:

---

[7] SODRÉ, Nelson Werneck. *História da literatura brasileira*. Rio de Janeiro: Civilização Brasileira, 1964.

> *O musgo sedoso, a úsnea mais leve*
> *Trouxe de longe o alegre passarinho.*
> *E um dia inteiro ao sol paciente esteve*
> *Com o destro bico a arquitetar o ninho.*

E agora, sobre o mesmo tema, uma estrofe de "Gemidos de arte", de Augusto dos Anjos:

> *Um pássaro alvo artífice da teia*
> *De um ninho, salta, no árdego trabalho,*
> *De árvore em árvore e de galho em galho,*
> *Com a rapidez duma semicolcheia.*

Outro exemplo, desta vez de Raimundo Correia:

> *Rola a foice de Ceres luminosa*
> *No azul... Flora, vens já, que a alma te sente*
> *No éter fino, na luz, na água, na umbrosa*
> *Selva, em tudo te aspira avidamente.*

> *("Anima chloridis")*

E de Augusto, outro trecho do mesmo poema supracitado:

> *O sol de cima espiando a flora moça*
> *Arda, fustigue, queime, corte, morda!...*
> *Deleito a vista na verdura gorda*
> *Que nas hastes delgadas se balouça!*
>
> *Avisto o vulto das sombrias granjas*
> *Perdidas no alto... Nos terrenos baixos,*
> *Das laranjeiras eu admiro os cachos*
> *E a ampla circunferência das laranjas.*
>
> (...)

*Os ventos vagabundos batem, bolem
Nas árvores. O ar cheira. A terra cheira...
E a alma dos vegetais rebenta inteira
De todos os corpúsculos do pólen.*

*A câmara nupcial de cada ovário
Se abre. No chão coleia a lagartixa.
Por toda a parte a seiva bruta esguicha
Num extravasamento involuntário.*

Resulta evidente, no primeiro exemplo, que o soneto de Alberto de Oliveira não transmite uma experiência viva do real, mas uma *noção*, um conhecimento prosaico, amortecido, do fato. Os versos de Augusto, pelo contrário, contêm os estímulos da experiência que injetam vida à linguagem. Enquanto Alberto nos fala de um "alegre passarinho", "paciente", de "destro bico", Augusto vê no seu pássaro um "alvo artífice da teia" (note-se a ambivalência da adjetivação que atinge tanto o pássaro como a teia), que trabalha com "a rapidez de uma semicolcheia", saltando de um ponto a outro. E com essa segunda imagem, o poeta transforma as árvores e galhos em pauta musical e nos comunica, ao mesmo tempo, o silêncio daquela faina, a ausência momentânea do canto que está implícito no pássaro como a música na pauta. Exemplos como esse revelam não apenas o nível de complexidade a que Augusto conduz a expressão verbal, como também o rompimento com a concepção literária acadêmica, o que o situa como precursor, a meu juízo, da poesia que se fará no Brasil depois do movimento de 22.

Raimundo Correia, poeta bem mais criador que Alberto de Oliveira, procura, no exemplo citado, expressar a sensação que recebe da natureza numa manhã iluminada, mas não consegue formular sua experiência senão recorrendo à mitologização do real. Esse é um dos traços que distinguem a antiga da nova formulação poética; ao contrário daquela, esta não apenas elimina a mitologia como busca impedir o processo naturalmente abstratizante da linguagem. Comparando os versos de Raimundo Correia com os de Augusto, percebe-se que este fala de uma natureza "desmistificada" e que trata de comunicar as sensações que recebe através de palavras e imagens que lhe acentuam o caráter concreto. Isso está igualmente claro no tratamento que ambos os poetas dão ao tema do passar do tempo. É famoso o soneto de Raimundo Correia, "Saudade", que começa com o seguinte verso:

Aqui outrora retumbaram hinos;

e termina dizendo:

Tudo passou! Mas dessas arcarias
Negras, e desses torreões medonhos,
Alguém se assenta sobre as lájeas frias;

Em torno os olhos úmidos, tristonhos,
Espraia, e chora, como Jeremias,
Sobre a Jerusalém de tantos sonhos!...

Como bom parnasiano, Raimundo Correia nos fala de umas ruínas quaisquer — *as ruínas* — que tanto podem ser de uma cidade brasileira, como de Roma ou simplesmente as ruínas do sonho. Já Augusto nos fala dos restos da casa do finado Toca, lá mesmo no decrépito Engenho do Pau d'Arco, onde agora "os musgos, como exóticos pintores,/ pintam caretas verdes nas taperas".

> *O cupim negro broca o âmago fino*
> *Do teto. E traça trombas de elefantes*
> *Com as circunvoluções extravagantes*
> *De seu complicadíssimo intestino.*

Como se pode verificar, a expressão literária aqui não busca escapar à experiência real mas, ao contrário, procura concretizá-la, dar-lhe o peso e a contundência da vida. Mas essas ruínas são também a imagem do abandono e da morte.

> *O lodo obscuro trepa-se nas portas.*
> *Amontoadas em grossos feixes rijos,*
> *As lagartixas, dos esconderijos,*
> *Estão olhando aquelas coisas mortas!*

E mais uma vez deparamos com a estranha e extraordinária visão poética de Augusto dos Anjos. O passar do tempo, a decrepitude, a solidão, não as exprime através de conceitos ou imagens histórico-literárias; exprime-as com os próprios elementos dessa ruína anônima e vulgar: as lagartixas, que se encontram nos muros velhos do Nordeste, são transformadas pelo poeta em testemunhas da história, do trabalho destruidor do tempo. Subitamente, o poeta abdica de sua posição de observador para ver as ruínas pelos olhos das lagartixas que, dos esconderijos, "estão olhando aquelas coisas mortas". É a expressão consumada e extrema do abandono, já que esses bichos *são* também as ruínas, pertencem a elas como o lodo e o cupim: é como se as próprias ruínas se mirassem a si mesmas, se vissem morrer.

Não conheço nenhum outro poeta brasileiro, anterior a Augusto dos Anjos, que, a fim de exprimir a experiência concreta vivida, tenha de tal modo abandonado os recursos literários usuais, dado costas aos canais prontos da metáfora prestigiosa.

Essa necessidade de não se desprender do vivido, de não traí-lo, de não disfarçá-lo com delicadezas, de erguê-lo de sua vulgaridade à condição de poesia por força da palavra é que determina a originalidade desse poeta e o salto que sua obra significa naquele momento da nossa poesia.

Os exemplos citados não são exceções nas páginas do *Eu*. Muito ao contrário, como procuraremos demonstrar no curso deste pequeno ensaio, a sua obra mesma está informada por esse predomínio do vivido, do intuído, do sofrido, do imaginado, sobre o "literário". E é por isso que, no contexto cultural da época, a poesia de Augusto opera uma revolução. Com ela, nossa poesia passa a falar da vida real, comum. Não se ignora que nos melhores poemas de Gonçalves Dias, de Castro Alves, de Casimiro de Abreu, de Álvares de Azevedo está presente o sentimento verdadeiro da vida, ou não teriam sido os poetas que foram. Mas, devido às características do romantismo e do romantismo brasileiro em particular, no próprio sentir da vida há um como que falseamento do real, a tendência a diluir a emoção verdadeira no sentimentalismo. Isso é menos acentuado em Castro Alves, que, aqui e ali, não apenas nos poemas sociais mas também nos líricos, consegue romper o convencionalismo da linguagem poética. Os parnasianos libertaram-se da sentimentalidade excessiva mas à custa de traduzir a emoção em conceitos ou imagens "cultas", desligadas de sua vida cotidiana. Foi, sem dúvida, um avanço, como também o foi a ruptura dos simbolistas com a racionalização superficial dos parnasianos; não obstante, mergulharam num verbalismo agônico e precioso, com que mistificaram o sofrimento, as necessidades e aspirações do homem real. Pode-se dizer que, ao longo do processo poético brasileiro até Augusto dos Anjos, quase sempre o poeta ocultou o homem. Talvez por isso mesmo — mas não só por isso — é que, na obra do poeta paraibano, o homem aparece de maneira tão escandalosa, a exibir seus intestinos, seu cuspo, sua lepra, seu sexo, sua miséria. E também, talvez por isso, o próprio poeta que o exibe não o aceita. A poesia de Augusto dos Anjos é fruto da descoberta dolorosa do mundo real, do encontro com uma realidade que a literatura, a filosofia e a religião já não podiam ocultar. Nasce de seu gênio poético, do seu temperamento especial, mas também de fatores sociais e culturais que a determinaram.

III

Nesse estágio do desenvolvimento da sociedade brasileira, o traço fundamental de nossa cultura é a dependência — mais profunda e mais generalizada que hoje. Por um lado, o desenvolvimento interno ainda não criara condições para que surgisse no país um pensamento crítico radical. Na década de 1870, surgiram no Brasil manifestações literárias que se intitulavam socialistas, mas o que efetivamente exprimiam era o descontentamento com o Império, canalizando-se na luta pela República. É perfeitamente compreensível que assim tenha acontecido, já que a quase inexistência da classe operária tornava extemporânea a adoção das ideias socialistas, nas condições mundiais de então. Raimundo Correia chega a exaltar a Comuna num dos seus poemas da primeira fase, mas o que vê nela não é a revolução proletária e sim a contestação do Império: o fenômeno é entendido segundo as condições brasileiras e em função delas.

É igualmente compreensível que a cultura, no seu conjunto, expressasse uma visão particularmente deformada da realidade. O traço essencial era seu caráter dependente, e nisso a cultura refletia o traço mais importante da realidade social brasileira de então. O desenvolvimento capitalista era a única perspectiva concreta e a cultura a exprimia, no que tinha de progressista naquele estágio. O atraso era o Império, a escravidão, as relações patriarcais do latifúndio. Certamente, a inserção do Brasil no sistema capitalista, como país dependente, gerava contradições entre os interesses internos e o sistema mundial, mas tais contradições se resolviam, como ainda hoje, com a transferência dos ônus para a vasta maioria da população. Assim, os problemas relacionados com a modernização do aparelho de Estado para adaptá-lo às exigências novas do desenvolvimento econômico assumiam o primeiro plano dos debates. Trata-se de fenômeno extremamente complexo, em cuja análise não se deve confundir o que é formal, explícito, com o que é essencial: por exemplo, na prática, a retórica rebarbativa dos discursos parlamentares encobria interesses concretos que terminavam por se impor. Noutras palavras, só na medida em que outras forças sociais entram em cena e os interesses de classe se definem melhor, a visão crítica da sociedade se aprofunda. Essa visão crítica vai encontrar expressão, mais cedo ou mais tarde, de uma forma ou de outra, nas manifestações literárias. E é esse mesmo processo que corrige, gradativamente, as deformações geradas pela dependência.

Não há aqui o pressuposto de que, fora da condição dependente, a cultura seja expressão exata, fiel, da realidade. Ela é, na sociedade de classes, visão de classe. Além do mais, a relação da cultura com a realidade é dinâmica, dialética, interativa, já que a cultura é também parte da realidade social. Por isso mesmo, ela exprime a realidade não apenas no discurso explícito que formula acerca dessa realidade, como também, e mais profundamente, nas suas (dela, cultura) próprias limitações, entorpecimentos e deformações: isto é, na incapacidade mesma de formulá-la. No caso da cultura dependente, essa relação entre cultura e realidade apresenta traços peculiares que, no plano da criação literária, aparecem como um entorpecimento de sua função cultural vital.

Nas condições de dependência, a literatura surge como imitação de uma atividade cultural da metrópole, como uma necessidade determinada de fora, e não como produto da experiência concreta, particular do escritor. Essa literatura, que se deve imitar, reflete uma realidade diferente da do país dependente, a realidade que a produziu e que, portanto, contém os fatores que determinarão sua transformação. A literatura dependente, desligada daquelas fontes e sujeita às condições específicas do meio social a que foi transplantada, tende a desviar-se do modelo, a "atrasar-se", isto é, a adaptar-se ao meio social. Enquanto isso, lá fora, o processo literário metropolitano segue sua dinâmica própria, transforma-se, nega a forma antes imitada na colônia, cria outras. Quando a notícia de tais mudanças chega ao país dependente, chega como expressão do "progresso cultural e artístico" e a forma imitada, que começava a criar raízes, aparece como "superada": o que é nacional se identifica com o atraso e o que é metropolitano com o progresso. Dá-se um salto da forma velha para a nova, o que, quase sempre, do ponto de vista meramente ideológico, é um avanço, mas no plano artístico não, porque não muda a relação do escritor com a realidade. Esclareço: quando, por exemplo, na França, surge o realismo, o que muda não é apenas o estilo e o tema da literatura, mas também a visão que o escritor tem da realidade e da literatura; a mudança é antes de fundo, depois de forma. No país dependente, a inovação se identifica com a "modernização" das formas literárias, como se a literatura fosse — e efetivamente o é nas condições da cultura dependente — uma atividade que pouco ou nada tem a ver com a realidade social. Se se admite que a função vital da criação literária é atualizar, no nível da linguagem verbal, a experiência "emocional" da sociedade e que isso pressupõe o permanente questionamento das relações que as formas literárias mantêm com a realidade, compreende-se por que, na cultura dependente, só em casos excepcionalíssimos — e assim mesmo quando já o grau de dependência é menor — a expressão literária atinge sua plenitude. A atividade literária que não nasce daquele questionamento, ou que não o implica, é uma atividade meramente acadêmica, um formalismo social.

Não se deve perder de vista, no entanto, que, mesmo nos países dependentes, a história caminha, e que as repetições históricas são aparentes: a forma literária negada como "atrasada" não desaparece de todo; a forma nova já é assimilada a partir da experiência anterior, e desse modo vão se criando, no âmbito da literatura dependente, as condições que, mais tarde, permitirão, juntamente com o desenvolvimento de outros setores sociais, um maior grau de autonomia da criação literária com respeito às influências externas. Certamente esse processo está sujeito a idas e vindas, mas, no fundamental, avança na direção da autonomia.

No final do século XIX e começo do século XX no Brasil, essas condições são ainda precárias mas já permitem o aparecimento de obras tão significativas como os romances de Machado de Assis e, noutro plano, Os *sertões*, de Euclides da Cunha. E esse contexto é que também torna possível, no território da poesia, o fenômeno desconcertante que é a obra poética de Augusto dos Anjos.

De que modo esse problema se coloca no âmbito específico da poesia brasileira? De saída, constato que nenhum dos chamados mestres parnasianos nem tampouco os dois maiores poetas simbolistas atingiram na sua obra nível de madurez e profundidade que encontramos na ficção de Machado. Pode-se alegar que isso se deve à genialidade de Machado, o que é uma parte da verdade, talvez mesmo a principal, mas não toda a verdade. Examinemos a outra parte.

Machado escreve no âmbito de uma cultura dependente e tal situação define sua relação com a literatura. Ele próprio não o ignorou. O caminho que trilha até alcançar a expressão madura é longo, revela um trabalho lento e determinado de assimilação e crítica dos valores culturais e literários. Tivesse ele morrido aos 40 anos e sua presença na história da literatura brasileira não teria maior significação. Interessa, sobretudo, notar que o primeiro de seus grandes romances — *Memórias póstumas de Brás Cubas* — é um livro de ruptura, um livro que questiona as relações que as formas literárias mantêm com a realidade. Nesse livro, Machado abandona os esquemas tradicionais do romance e inaugura uma nova linguagem narrativa em que se exprime uma visão crítica, radical, da vida. Ele afinal supera a condição — própria do escritor na cultura dependente — do escritor para quem a literatura é a imitação da literatura (estrangeira), e se torna questionador dela.

Questionar a literatura significa abandonar os esquemas, reencontrar a experiência viva e palpitante do real, fonte da obra de arte. Sem esse questionamento, não há criação literária propriamente dita, embora haja literatura. Se para qualquer escritor tal questionamento é difícil, por exigir qualidades excepcionais, para o escritor da cultura dependente essa dificuldade é ainda maior devido à falta de tradição cultural, à carência de informação e domínio dos instrumentos e da problemática literária, às limitações do meio, à exiguidade do público ledor e ao consequente caráter elitista que possui, em tais condições, a atividade literária: o simples fato de fazer literatura já é, em si mesmo, expressão de inconformismo; não é necessário — e em determinado estágio da cultura dependente é simplesmente impossível — questioná-la.

Mas que significa *questionar a literatura*?

Significa ter a consciência, implícita ou explícita, de que a literatura é um instrumento de conhecimento e transformação da realidade, através do qual o homem atualiza (formula, comunica) um tipo específico de experiência vital. Qualquer experiência profunda questiona as formas da linguagem, a literatura existente. Mas o poeta que vai exprimir essa experiência pode simplesmente amoldá-la aos esquemas em uso, em vez de satisfazer o impulso questionador da experiência. Como o fenômeno não tem a simplicidade do exemplo dado, o que realmente sucede é que o poeta, preso a uma concepção que reifica as formas literárias, *já* percebe o mundo segundo essas formas, e daí a dificuldade de romper com elas. Na cultura dependente, onde a mistificação da literatura atinge nível incomparável, é praticamente impossível essa ruptura, senão determinada por fatores externos à literatura — a superação do atraso cultural e da dependência — e, como no caso de Machado de Assis, um esforço sobre-humano de assimilação e crítica da cultura estrangeira e nacional, aliado a um talento excepcional.

Na poesia brasileira daquele período isso não se dá. Já vimos, ao comparar trechos de poemas parnasianos com trechos de poemas de Augusto dos Anjos, como Raimundo, Bilac e Alberto de Oliveira tendem a "literatizar" a experiência, a traduzi-la nas formas e símbolos de uma linguagem acadêmica. É em Augusto que se dá a ruptura, e de modo menos profundo e diverso de como se dá em Machado. Neste, a superação é demorada, consciente, decorre da crítica interior ao processo literário; em Augusto dos Anjos, é o reflexo da crise ideológica europeia, que, somado a fatores sociais e pessoais explosivos, o conduz a questionar, antes que a literatura, a vida mesma. Seu questionamento das formas literárias é intuitivo, impulsivo, decorrente mais da necessidade de "pôr pra fora" o que sente, do que da superação crítica dos valores poéticos.

IV

Na obra de Augusto dos Anjos, aparecem, não de maneira eventual, e sim como elemento constitutivo de sua linguagem, alguns traços que caracterizam a nova poesia, a que se convencionou chamar de poesia moderna. A obra dos poetas brasileiros do fim do século XIX e começo do XX pode revelar-nos, aqui e ali, no emprego de um adjetivo, na construção de uma metáfora — mais nos simbolistas que nos parnasianos — sintomas de uma nova sensibilidade que, no Brasil, informará a linguagem poética posterior a 1922. Antes de Augusto dos Anjos, somente no poeta maranhense Sousândrade aqueles traços ganham caráter consequente e se definem como verdadeiras e surpreendentes antecipações. Os estudos recentes que tiraram do olvido o poeta do *Guesa errante* não deixam dúvida quanto a isso. Arriscar-me-ia, não obstante, a ponderar que, se compararmos em conjunto a obra dos dois poetas, veremos que, em Augusto dos Anjos, o traço novo é mais profundo e está presente de maneira constante em sua obra. Em que pese a audácia de certas construções verbais de Sousândrade — numa direção que a poesia de Augusto não conheceu — o grosso de sua obra (*O Guesa, O novo Éden*) é forjado numa linguagem mais retórica que poética, em que preponderam o gosto pelas construções sintáticas arcaicas e a prolixidade narrativa. Tais características, plenamente justificáveis se se leva em conta a época em que Sousândrade escreveu (entre 1868 e 1893), explicam a razão por que, mesmo depois de explicitada pela crítica a importância do poeta, sua obra se mantém distante do interesse do público ledor de poesia.

Precisamente o contrário se passa com a obra de Augusto dos Anjos: ela não apenas continua a despertar o entusiasmo do leitor comum, como sustenta suas qualidades diante do leitor exigente versado na leitura dos poetas modernos. Por isso que, enquanto Sousândrade é redescoberto a partir de uma visão crítica que superestima o formalismo poético, e que não a torna de consumo atual, Augusto, editado e reeditado, aceito pela crítica como uma situação de fato, teve o caráter inovador de sua poesia oculto pela força mesma que a manteve viva até hoje. Noutras palavras: não foi a crítica que descobriu Augusto; foi Augusto que "descobriu" a crítica.

Como se oculta o novo na poesia de Augusto dos Anjos? Por efeito da mesma atitude radical que, fazendo-o romper com as conveniências verbais e sociais da poesia, levou-o a disputar o poético à podridão dos cemitérios e à vulgaridade dos prostíbulos, a mesclar a beleza ao asco e, como uma espécie de defesa, a armar-se de um vocabulário "científico", prestigioso, que impõe à sua linguagem o selo da época e ameaça "datá-la". Assim, o novo que há em sua poesia abre caminho em meio a esse amálgama de vulgaridade e mau gosto que é, não obstante, condição imprescindível para que, nesse caso, o novo se produza. Porque, como afirmamos antes, a poesia de Augusto dos Anjos não nasce de uma assimilação crítica e de uma superação paulatina das técnicas e valores poéticos, mas de uma conjunção de fatores que o obrigam a romper com a linguagem (com a visão) poética em voga. Daí a presença, em sua obra, tanto de elementos que o põem adiante de sua época como de outros que, prendendo-o a ela, ocultam-nos seus traços inovadores.

Mas em que me baseio para afirmar que existe, no poeta do *Eu*, elementos que antecipam a linguagem moderna da poesia brasileira? Para responder a essa questão, devo primeiramente esclarecer o que entendo por "poesia moderna" ou "nova linguagem da poesia".

O abandono das formas "clássicas" do poema — a estrofe regular, o verso metrificado, a rima obrigatória — apagou as fronteiras óbvias que facilmente identificavam a poesia e a distinguiam da prosa. Com isso se tornou "fácil" distinguir a poesia moderna da antiga e, ao mesmo tempo, "difícil" distinguir prosa e poesia. Não se faz necessária uma acuidade especial para compreender que, do mesmo modo que o verso medido e a rima deixavam muita prosa passar por poesia, o abandono desses recursos não tornava automaticamente *moderno* todo e qualquer poema escrito em versos livres. A diferença profunda entre os dois tipos de linguagem poética não reside nisso.

Tampouco é irrelevante o abandono daquelas formas tradicionais de poema, a aproximação da linguagem poética com a linguagem prosaica. Não se trata de uma aproximação aparente ou apenas formal: ela resulta de uma mudança qualitativa na concepção da poesia, a qual, por sua vez, exprime uma mudança qualitativa na visão de mundo do poeta. Ao abandonar as formas tradicionais do poema, o poeta abandona com elas um mundo de metáforas, símbolos e ideias que já não serviam para expressar a realidade da vida contemporânea: a realidade prosaica da sociedade burguesa. O rompimento com a visão antiga — e com as formas antigas — não se fez de estalo, mas ao cabo de tentativas, tateios e buscas contraditórias, como se vê no satanismo de Baudelaire, no "desregramento" de Rimbaud, no simbolismo de Mallarmé. A primeira forma de reação ao prosaísmo burguês foi a atitude romântica, depois a arte pela arte, tentativas de, por assim dizer, ignorar a realidade prosaica. Mas, tanto em Baudelaire como em Rimbaud, já se vê misturado à ânsia de fugir ao mundo prosaico, o prosaico. E quando a linguagem da poesia, desvestindo a doirada plumagem, desceu ao nível da prosa, é que o próprio poeta desceu ao chão (como o albatroz do famoso soneto de Baudelaire), decidiu habitar o cotidiano e passou a ver nele não o mundo de que se deve fugir, e sim o mundo que se deve transformar. Não sugiro que essa mudança se deu a partir de uma decisão deliberada, nem mesmo que a maioria dos poetas modernos passou a encarar como tarefa da poesia a transformação da sociedade. Nada disso. Muitos poetas modernos continuaram, e continuam, a ter da vida e do mundo uma visão idealista, às vezes religiosa, às vezes mística ou mágica. Não obstante, em todos eles a linguagem se despiu da velha retórica, a experiência concreta da vida se tornou a matéria da poesia: o poeta passou a falar a partir da fala comum.

A nova linguagem poética é, portanto, produto de uma nova época, de uma nova situação social do homem. O traço mais marcante dessa época, no plano ideológico, é a desmistificação da realidade (e do homem) como consequência do desenvolvimento técnico-científico e do modo de produção capitalista. Numerosos fatores, dentro desse processo, contribuíram para que o mundo se tornasse cada vez "mais real" aos olhos do homem, para que se tornasse mais clara à sua compreensão a complexa trama da realidade objetiva. A desmistificação do real implica, naturalmente, a desmistificação da linguagem, o aumento de consciência do poeta sobre o seu instrumento de expressão. A poesia se torna, cada vez mais, o trabalho objetivo do poeta sobre a linguagem visando exprimir a complexidade desse mundo concreto e dinâmico. Pode querer o poeta transformá-lo ou escapar dele mas, em qualquer dessas hipóteses, sua "ação" só terá peso e sentido na medida em que sua linguagem não apareça como um discurso vazio a deslizar pela superfície das coisas. O poeta se esforça para que a sua linguagem seja uma linguagem concreta.

Esse esforço pode conduzi-lo ao polo oposto do que pretende. O poeta moderno, que devolveu a linguagem literária à sua condição prosaica, realiza a poesia pela transformação dessa linguagem em linguagem poética. Na concepção nova da poesia, o que há de fundamental e permanente é a linguagem mesma — a língua —, que será, nesse momento, poética e, naquele outro, prosaica. Essa alternância se dá no âmbito mesmo do poema, já que em nenhum poema todos os elementos da linguagem se transformam em "poesia", se consomem nela: a base da expressão são as relações conectivas, sintáticas, gramaticais, sem as quais não existe a linguagem. Essas relações implicam um discurso, um tema. A poesia que aflora nesse discurso é produto de um processo complexo de que participam todos os elementos do poema. A falsa compreensão desse fenômeno é que gerou a superstição da poesia pura — de que o *concretismo*, que deveria intitular-se de fato *abstracionismo*, foi o mais recente exemplo — que não é mais que a tentativa de eliminar do poema os elementos "prosaicos", de construí-lo apenas com os elementos "poéticos". Ora, não existem elementos poéticos em si mesmos, como não existem palavras por si mesmas poéticas. Todos os elementos da língua são e não são poéticos, dependendo da função específica que exerçam dentro de determinado contexto verbal. Noutras palavras: é o processo de elaboração da linguagem pelo poeta que transfigura os elementos verbais e faz com que neles aflore a intensidade da expressão poética. Pretender realizar um poema constituído apenas de elementos poéticos implica eliminar o processo dialético que promove a transfiguração das palavras. "Creio que este é um objetivo que a poesia jamais poderá atingir, porque atingi-lo significaria o fim de toda a poesia", escreveu Eliot, e acrescentou: "A poesia só pode ser escrita enquanto conserva alguma impureza".[8]

Significaria o fim de toda a poesia porque seria abdicar do propósito que leva o poeta a escrever: expressar o movimento do

---
[8] ELIOT, T. S. *Essais Choisis*. Paris: Éditions du Seuil, 1952.

seu espírito, que, por sua vez, é reflexo (não direto nem simples, nem mecânico, nem simétrico) do processo real objetivo; expressar, em última instância, a contradição entre o sujeito e o mundo. Qualquer concepção que não veja a poesia como esforço de superação — que jamais se dá para sempre — dessa contradição, ignora a natureza real do problema. Por isso nunca pode haver fórmula poética, por isso toda poesia implica renovação e por isso nenhuma poesia pode ser inteiramente nova. No trabalho do poeta, a língua, que é o permanente, é o mundo, o prosaico, o que deve ser transformado, transfigurado; se se elimina da poesia todo elemento prosaico, elimina-se a sua conexão com o mundo concreto, elimina-se o que deve ser transformado e, assim, elimina-se a transformação. Como observou Chklovski, "a arte é um meio para sentir a transformação do objeto; o que já está transformado não tem interesse para a arte".[9] O poema, a obra, é o lugar onde a transformação se dá.

Toda atividade humana é um esforço para superar a contradição sujeito-mundo. A poesia é um modo específico de tentar essa superação infinitamente recomeçada. Como seu instrumento é a linguagem, sua atividade implica um discurso, a tendência a substituir as contradições concretas por uma coerência verbal, conceitual — a prosa. Mas a prosa é a expressão do mundo transformado, assimilado: "trata-se de um processo cuja expressão ideal é a álgebra, no qual os objetos foram substituídos por símbolos", afirma Chklovski.

> No processo de algebrização, de automatização do objeto, obtemos a máxima economia das forças perceptivas: os objetos estão dados, já por um só de seus traços, por exemplo, o nome, já reproduzidos como se se seguisse uma fórmula, sem que inclusive tenham aparecido na consciência.

---

[9]CHKLOVSKI, V. "El arte como procedimiento" *in Formalismo y vanguardia*. Madri: Alberto Corazon Editor, 1970.

O processo de expressão poética visa precisamente recuperar a experiência viva do objeto, seu propósito "é proporcionar uma sensação do objeto como visão e não como reconhecimento", um processo que consiste "em aumentar a dificuldade e a duração da percepção".[10] A poesia é, por isso, um discurso deliberadamente desconcertante que, de um modo ou de outro, contraria a normalidade do discurso. O poeta não quer discorrer sobre os objetos, não quer que sua linguagem seja mera referência ao mundo: quer que o poema seja o lugar onde a experiência se dá — deflagrada — concretamente.

Para conseguir isso, o poeta moderno lança mão de uma série de recursos que constituem as características de sua nova linguagem: construção sintática inusitada, ruptura do ritmo espontâneo da linguagem, choque de palavras, montagem de palavras e de imagens, enumeração caótica, mistura de formas verbais coloquiais e eruditas, de palavras vulgares com palavras "poéticas" etc. Alguns desses recursos foram utilizados por Augusto dos Anjos.

Pode-se dizer que a característica mais geral da linguagem moderna da poesia é a tendência a acentuar o caráter concreto do discurso: a busca de uma linguagem que seja, ela mesma, uma experiência *nova* à percepção. Daí a necessidade de dificultar o fluir do discurso e de construí-lo com palavras substantivas, carregadas de vida, sujas de vida, palavras de uso cotidiano. Isso se verifica tanto em poemas que partem de sensações objetivas como naqueles que partem de sentimentos, do mundo subjetivo. No primeiro caso, o poeta procura impedir que o discurso se afaste da experiência original e a abstratize; no segundo, procura objetivar, dar contextura concreta, ao sentimento subjetivo. Em qualquer dos casos, manifesta-se na poesia a consciência — que é moderna — do caráter contin-

---

[10] *Ibidem.*

gente, histórico, situado, da existência. Esse é um dos traços mais constantes na poesia de Augusto dos Anjos.

V

O caráter concreto da poesia de Augusto dos Anjos pode ser detectado em quase toda a extensão de sua obra madura; evidencia-se de todos os modos e, naturalmente, no seu vocabulário, geralmente tido como seu calcanhar de aquiles. Fizemos um levantamento de palavras e expressões que indicam como ele se afastou do convencionalismo poético de sua época e como se aproxima da linguagem "prosaica" da poesia pós-22:

azinhavre / alfândega / alambique / alumiar / antropofagia / achincalhamento / atômico / anúncios / arbitrária / aço / atolados / adubo / abracadabra / arcabuz / amoníaco / acesso de asma / alavanca / alienação / aborto / algarismos / aritmética / abortamento / aeronave / assembleia / almoça / atabalhoadamente / antrazes / asfalto / abdômen / associação / abóbora / arrabalde / arquitetura / apetite / alicerces / ama de leite / ângulo reto / alfinetes / agulhas / açougues / antro / achatamento.

bazar / barriga / babujada / bandalhos / bicho / bicharia / barulho / bacalhaus / *boulevard* / borracha / buracos / bolhas / bexiga / bílis / bigorna / becos / burro / bacia / besta / bandido / berro / baixeza / bolia.

cuspo / candeeiros / combustível / carroça / camaradagem / cárie / clandestina / chamusco / camisa / cal / cigarro / chicotes / cretino / cuspiu / cara / cupim / comércio / carniça / chocalho / colher / costureira / copo de sorvete / canivete / carbono / cardíaco / coalhada /

carbonização / cimalha / circulação / chefe de família / carvão / câmara / cachorro / coexistência / clorofila / cálculo / carniçaria / carcaça / crédito / carpinteiro / cloaca / chupando / canalhas / casca de ovo / códigos / cepo / circunferências / charqueadas / coçar / caspa / centopeias.

desarrumação / doença / debochada / desintegração / desembestamento / danado / delibera / dartro / doente do peito / dínamos.

edifícios / embrulho / eletricidade / engrenagem / espionagem / espiões / esterco / estômago / escarro / estuprador / estrume / ebulição / engolindo / Estado / epiderme / enxota / entulho / espólio / engulham / engasgos / espingarda / escafandro / escarradeira / estaleiro / expectoração / esbordoa.

fuligens / funcionária / fábrica / faca / fósforos / família / fábricas / ferrugem / feder / fede / fedor / falências / federações / funcionamento / fogão / fenômenos / fogo-fátuo / flexibilidade / ferrolho / feto / fisiologicamente / frequentam.

gás / gosmas / gravidade / goma-laca / geleia / geográfico / golfava / gelatina / gagueira / garrafa / gorda.

hulha / hereditária / hidrogênio / hemoptise / hélice / hipnotizar-me / hemoglobina / homicídio.

inventário / inseto / intestinos / imposto / íons / ingeriu / improfícuo / inchava / intra-atômica / icterícia / indenização / incestos / imundície.

janta / jurubebas.

lamparina / lepra / lagartixas / limalha / limos / lodo / lampião / ladrão / letreiros / laringe / loja / lojista / lógica / ludíbrio / letras garrafais / lixo / ladeiras / latifúndios.

molambo / monopólio / madapolão / mecânica / mecanismo / malucos / manga / municípios / molho / metrópole / misturar-me / mata-pasto / molusco / monturo / machucamento / mascates / mobília / masca / mania.

números / noz-vômica / noticiário / nojo / necrológios / neurótica / nojenta.

ovo / oxigênio / orelhas / orográfico.

processo / pulso / prato / porco / paralelepípedo / pregos / putrescível / ptialina / pegajoso / pentágono / progressão dos números inteiros / paus / placenta / parcela / pária / pecha / pandemônio / provisória / puxa / papilas / palermas / pua / pústulas / psicologia.

quitandas / quiosque / queixada / queixo / quociente / querosene.

repugnância / rançoso / radioativo / ruído-clarão / rádios / raquítica / rum / rogavam pragas / racha-me / raspa / réu confesso / rins / repuxa / raio X / rinoceronte.

saúde / subversão / sobrados / sarna / saliva / sistematizo / sarampos / subconsciente / suada / suicídio / sujo.

toalhas / terapêutica / tora / trombas de elefante / temperamento / teta / tesouras / transeuntes.

urubu / universo radioativo / úlceras / urtiga.

visagens / vinagre / via férrea.

1$200 / 300 gramas / 10 minutos.

Essa quantidade de palavras de uso corrente, que na sua maioria indicam utensílios, fenômenos e atos da vida de todos os dias, poderá surpreender aqueles que se habituaram — conforme as definições simplistas e errôneas — a ver em Augusto um simbolista ou um "cientificista"; nos dois casos, um poeta afastado do cotidiano. Há sem dúvida razões para tais equívocos: existem na poesia de Augusto dos Anjos alguns elementos da linguagem simbolista e é grande o peso da terminologia científica em seus poemas. Não obstante, a leitura atenta revela, por trás desses elementos aparentes, que é na realidade doméstica, familiar e provinciana que a imaginação do poeta encontra o material que transfigura. Certamente não o tira apenas dela, mas essa realidade medíocre e pobre é um dos polos — e sem dúvida o principal — de suas perplexas indagações, de seus surpreendentes voos.

A consideração desse fator é essencial para se penetrar no mundo poético do autor de *Eu*, para perceber-lhe a complexidade e avaliar o que há de novo e significativo na sua experiência poética. Enfim, para apreender a verdadeira dimensão do poeta. Se se ignora o polo cotidiano de sua indagação poética, toda a sua obra aparece como uma complicada retórica, o verbalismo de um adolescente doentio que leu demais Schopenhauer, Spencer e Haeckel. E perde-se precisamente o que define a poesia de Augusto como a mais patética indagação já feita, na poesia brasileira, acerca da existência do mundo e do sentido da vida humana. Não se trata de concordar com a sua visão filosófica, a meu ver equivocada. Importa, no entanto, verificar que, nele, esses problemas não são meros pretextos literários para cometer sonetos e poemas — são problemas vitais — e que a necessidade de resolvê-los conduziu-o a viver uma experiência poética de densidade rara em nossa literatura.

Augusto dos Anjos é um poeta do Engenho do Pau d'Arco, da Paraíba, do Recife, do Nordeste brasileiro, do começo deste século. Essa não é uma referência meramente biográfica, externa à sua obra. Não: sua condição de homem, concreta, histórica, determinada, informa os poemas que escreveu, e não apenas como causa deles, em última instância: é matéria deles. Com Augusto dos Anjos penetramos aquele terreno em que a poesia é um compromisso total com a existência. Não fosse assim, e seu discurso niilista não teria sido um discurso realmente *poético* e, muito menos, jamais se teria incorporado como elemento vivo à literatura brasileira.

A presença da realidade na poesia de Augusto não se limita a referências aos objetos cotidianos. Semelhantes referências encontram-se, se bem que menos frequentes, em poetas anteriores a ele, especialmente nos da fase realista, como Carvalho Júnior, Teófilo Dias, B. Lopes, e mais esparsamente em Álvares de Azevedo e outros. A diferença reside em que, no poeta do *Eu*, a alusão não é meramente descritiva: ela é, por assim dizer, existencial, concreta, na medida em que implica o acúmulo de experiência "histórica" sobre o objeto:

As vegetalidades subalternas
Que os serenos noturnos orvalhavam,
Pela alta frieza intrínseca, lembravam
Toalhas molhadas sobre as minhas pernas.

Não vemos aí o procedimento moderno do poeta frente à linguagem, frente à realidade? A referência genérica, abstrata, às "vegetalidades" se concretiza na "frieza" de "toalhas molhadas" sobre as pernas.

> *Os anúncios das casas de comércio,*
> *(...)*
> *Pareciam talvez meu epitáfio.*

A morte ganha aqui a cotidianeidade do comércio; o comércio, o caráter fúnebre da morte. Cabe observar como sucessivas vezes o poeta procura reduzir o sentimento metafísico da morte à condição de fato concreto, preso às contingências do dia a dia:

> *Porque o madapolão para a mortalha*
> *Custa 1$200 ao lojista!*

Ou então:

> *É ainda com essa asa extraordinária*
> *Que a Morte — a costureira funerária —*
> *Cose para o homem a última camisa!*

Mais significativos ainda são os versos em que a morte se expressa, já não através de mortalhas e vermes, mas pelos objetos que refletem a ausência do morto no ambiente familiar:

> *O fogão apagado de uma casa,*
> *Onde morreu o chefe da família;*

Como negar a atualidade dos versos em que Augusto relaciona a ternura da mãe com os seus sapatos?

*Pois minha Mãe tão cheia assim daqueles
Carinhos, com que guarda meus sapatos,*

Os carinhos maternos deixam de ser meros sentimentos abstratos e convencionalmente sublimes para se objetivarem num ato corriqueiro, de real significado humano. Fazer do ato de guardar sapatos a forma em que se expressa o carinho é outro exemplo da audácia poética de Augusto, de sua irreverência com respeito aos convencionalismos dos sentimentos e o modo — tão caracteristicamente seu — de manifestar sua ternura. Mas não é um procedimento típico da poesia moderna exprimir os sentimentos humanos — e tudo o que é abstrato — através dos atos e das coisas banais em que eles se objetivam?

*Ponho-me a escrever teu nome
com letras de macarrão.*

Carlos Drummond de Andrade

Essa forma de expressar os sentimentos tem, de fato, um duplo sentido: ao fazer do ato de guardar sapatos a forma de expressão do carinho materno, o poeta dá ao mesmo tempo as limitações do relacionamento afetivo, do mesmo modo que o faz Drummond, e expressa assim a condição real do homem, o conflito entre o subjetivo e o objetivo, entre a idealização da vida e a realidade pobre: desmistifica o existente. Em Augusto dos Anjos, para quem o cotidiano inclui a morte como fenômeno material, como putrefação, a expressão do amor e da ternura às vezes se defronta com uma realidade bem mais que banal, repugnante:

*Amo meu Pai na atômica desordem
Entre as bocas necrófagas que o mordem
E a terra infecta que lhe cobre os rins!*

Ou como nestes versos ao filho nascido morto:

Porção de minha plásmica substância,
Em que lugar irás passar a infância,
Tragicamente anônimo, a feder?!...

O que há de horroroso no tema desses versos, tanto como que há neles de impacto fácil, dificulta geralmente que se perceba a patética expressão de amor que contém, bem como o seu valor poético. Aqui também se verifica o propósito de mostrar a morte como fato real, situado, e de fazer desses objetos repugnantes — os cadáveres do pai e do filho — a expressão de um sentimento sublime. Ou melhor, de não se negar, em nome da delicadeza poética, a exprimir a realidade: aqueles corpos podres são seu pai e seu filho, objetos de seu amor. É como se a poesia tivesse que descer ao mais sórdido da miséria humana para, aí, iluminá-la. É assim, me parece, que se deve entender a temática macabra de Augusto dos Anjos: como uma descida ao inferno, a uma dimensão terrível da existência humana que o poeta, sem poder ignorar, tenta redimir pela poesia. Não é outro o sentido deste verso seu:

Sistematizo, soluçando, o Inferno...

Para Cruz e Sousa, a noite é "a grande Monja negra"; para Carlos Drummond de Andrade, "a noite banha tua roupa"; para Augusto dos Anjos, "a noite funcionava como um pulso".
Para Raimundo Correia, a lua é um "golfão de cinzas"; para Drummond, a lua é "diurética"; para Augusto, "um doente de icterícia".
Para Vicente de Carvalho, o cemitério são "alas de ciprestes negros a gemer ao vento"; para João Cabral de Melo Neto, uma "constantinopla complicada" e fornos em que "nenhuma

coisa é apurada"; para Augusto, o cemitério é um *"boulevard que fede"* e um "alambique" onde se processa uma "química feroz".

A contemporaneidade da linguagem poética de Augusto dos Anjos está evidente nas metáforas que criou e no uso inovador dos adjetivos:

"a miséria anatômica da ruga";

*"A bacteriologia inventariante
Toma conta do corpo que apodrece..."*;

"A saúde das forças subterrâneas";

"Encontra um cancro assíduo na consciência";

"A água arbitrária";

"As aves moças que perderam a asa";

*"lógica medonha
dos apodrecimentos musculares"*;

"ruína vegetal dos lírios secos";

"A mentira meteórica do arco-íris";

*"a dor infrene
É feita como é feito o querosene
Nos recôncavos úmidos das hulhas"*;

"Meu fantasma de carne passageira";

"efeméride orgânica dos olhos";

*"Quando pararem todos os relógios
De minha vida";*

"Os pães — filhos legítimos dos trigos".

Já observamos que a utilização dos fatos comuns e das coisas materiais para exprimir sentimentos e ideias é uma das características da poesia moderna. Augusto usou desse procedimento numerosas vezes. No exemplo que se segue, ele o faz da maneira mais surpreendente, ao transformar um leproso na imagem tangível e monstruosa de seu sonho:

*Era todo o meu sonho, assim, inchado,
Já podre, que a morfeia miserável
Tornava às impressões táteis, palpável,
Como se fosse um corpo organizado!*

("Os doentes")

Sua imaginação poética cria às vezes expressões que antecipam a visão kafkiana:

*Por toda a parte, como um réu confesso,
Havia um juiz que lia o meu processo
E uma forca especial que me esperava!*

("As cismas do destino")

E no mesmo poema:

*Mas um lampião, lembrava ante o meu rosto,
Um sugestionador olho, ali posto
De propósito, para hipnotizar-me!*

Agora, como Lautréamont, se antecipa aos surrealistas:

> *E a minha sombra enorme enchia a ponte,*
> *Como uma pele de rinoceronte*
> *Estendida por toda a minha vida!*

("As cismas do destino")

Aqui, nos lembra a "estranheza" sartriana:

> *E eu vou andando, cheio de chamusco,*
> *Com a flexibilidade de um molusco,*
> *Úmido, pegajoso e untuoso ao tacto!*

("Gemidos de arte")

A enumeração caótica é outro dos traços característicos da linguagem moderna da poesia, outro recurso do poeta para dificultar a abstratização do discurso. O emprego desse procedimento por Augusto dos Anjos, já o assinalara Antônio Houaiss.[11] Após afirmar que a dor, "como o ar imortal", não finda, e está presente em tudo, inicia a enumeração. O trecho é longo, não vou citá-lo todo:

> *Como o machucamento das insônias*
> *Te estraga, quando toda a estuada Ideia*
> *Dás ao sôfrego estudo da ninfeia*
> *E de outras plantas dicotiledôneas!*

> *A diáfana água alvíssima e a hórrida áscua*
> *Que da ígnea flama bruta, estriada, espirra;*
> *A formação molecular da mirra,*
> *O cordeiro simbólico da Páscoa;*

---
[11]Coleção *Nossos Clássicos*. Rio de Janeiro: Agir Editora, 1960.

*As rebeladas cóleras que rugem
No homem civilizado, e a ele se prendem
Como às pulseiras que os mascates vendem
A aderência teimosa da ferrugem;*

*O orbe feraz que bastos tojos acres
Produz; a rebelião que, na batalha,
Deixa os homens deitados, sem mortalha,
Na sangueira concreta dos massacres;*

*Os sanguinolentíssimos chicotes
Da hemorragia; as nódoas mais espessas,
O achatamento ignóbil das cabeças,
Que ainda degrada os povos hotentotes;*

*O Amor e a Fome, a fera ultriz que o fojo
Entra, à espera que a mansa vítima o entre,
— Tudo que gera no materno ventre
A causa fisiológica do nojo;*

*As pálpebras inchadas na vigília,
As aves moças que perderam a asa,
O fogão apagado de uma casa,
Onde morreu o chefe da família;*

*O trem particular que um corpo arrasta
Sinistramente pela via férrea,
A cristalização da massa térrea,
O tecido da roupa que se gasta;*

*A água arbitrária que hiulcos caules grossos
Carrega e come; as negras formas feias
Dos aracnídeos e das centopeias,
O fogo-fátuo que ilumina os ossos;*

*As projeções flamívomas que ofuscam,
Como uma pincelada rembrandtesca,
A sensação que uma coalhada fresca
Transmite às mãos nervosas dos que a buscam;*

("As cismas do destino")

Apesar de haver, no trecho citado, algumas imagens débeis e volteios impostos pela necessidade da rima, a enumeração arbitrária — como uma montagem cinematográfica, por contraste — permite ao poeta aproximar os elementos mais díspares, provocando uma espécie de curto-circuito que os ilumina simultaneamente, ao mesmo tempo que transmite uma visão complexa e contraditória do real. O discurso, por sua vez, desdobra-se mas o pensamento conceitual se mantém suspenso, e a linguagem em vez de fluir normal parece se depositar em camadas.

VI

Pode-se dividir a obra poética de Augusto dos Anjos em três fases: a primeira, de 1901 a 1905; a segunda, de 1905-6 a 1910; e a terceira, de 1910 a 1914.

A primeira fase se caracteriza pela falta de domínio dos meios de expressão, tateios em busca da forma própria e a carência de uma visão de mundo mais ou menos coerente e pessoal. Nessa fase, Augusto verseja incipientemente como simbolista, misturando influências dessa escola com resquícios românticos e parnasianos. Apenas seis dos poemas dessa fase foram incluídos pelo autor na 1ª edição (a única, em vida do poeta) do *Eu* (1912); os demais só aparecem na 29ª edição, comemorativa do cinquentenário do livro, organizada por Francisco de Assis

Barbosa e Antônio Houaiss e lançada pela Livraria São José (1962); são os *Poemas esquecidos*. Os seis poemas escolhidos por Augusto são sem dúvida os melhores do período, do ponto de vista do domínio da expressão, sendo que em alguns deles já se evidencia a visão crítica e o modo pessoal de apreender a realidade e conformar os temas, que se consolidará na fase seguinte. Um dos mais populares sonetos de Augusto dos Anjos — "Versos íntimos" — aparece no *Eu* com data de 1901, mas Francisco de Assis Barbosa o situa em 1906,[12] o que me parece correto, já que, tanto pelo conteúdo como pela forma, diferencia-se claramente dos sonetos escritos por Augusto naquele período. Dos poemas mais acentuadamente simbolistas, só aparece na 1ª edição o soneto "Vandalismo" (1904), construído com palavras típicas do vocabulário de Cruz e Sousa: nume, aleluia virginal, ogiva fúlgida, cintilações, ametistas, florões, pratas, templários, gládios etc. Esse soneto, em que o poeta afirma ter quebrado a imagem de seus próprios sonhos, parece ter sido selecionado por Augusto como exemplo do que fez de melhor com a linguagem simbolista, que abandonava então: como para marcar uma etapa de sua evolução.

A leitura dos poemas seguintes (*"Mystica visio"*, 1905; "Canto íntimo", 1905; "A ilha de Cipango", 1904; "A luva", 1905) nos mostra o progressivo caminhar do poeta para uma visão mais definida e um compromisso mais sério com a poesia. No poema "A luva", afirma explicitamente a disposição de abandonar a fase em que "escrevia para entreter o espírito", a fim de entregar-se, a partir de então, a "trabalhar 24 horas por dia" na faina poética. No entanto, é o "Poema negro" (1906) que a meu juízo assinala a definitiva superação da primeira etapa e dá início à segunda fase, que compreende os poemas mais significativos.

---

[12] *"Edição crítica" in Augusto dos Anjos — Textos críticos, op. cit.*

Toda a obra poética de Augusto dos Anjos, publicada, se insere entre os anos de 1900 e 1914. Se se considera, porém, que só a partir de 1906 surgem os poemas importantes, esse tempo se reduz a apenas oito anos. A segunda fase, no entanto, que se encerra com a transferência do poeta para o Rio de Janeiro em 1910, não dura mais que quatro anos, e é durante esse curto espaço de tempo que ele realiza o fundamental de sua obra poética.

Está visto que essa divisão em fases é discutível e não pode ser encarada rigidamente, não apenas devido ao caráter do processo poético, como também à carência de informações, que não autoriza a estabelecer marcos precisos: muitos dos poemas não trazem data e, ao que tudo indica, sua ordenação na 1ª edição do *Eu* não obedeceu a critério cronológico. Por exemplo, "Monólogo de uma sombra", poema que abre o livro, não é certamente uma das primeiras composições do autor e ao que tudo indica foi posto naquele lugar por seu caráter "programático", definidor da visão do poeta.[13] Os sonetos e poemas da primeira fase ocupam a última terça parte do volume, que se encerra com outro poema "definidor" — "Mistérios de um fósforo", de 1910.

Pode-se ter como certo, não obstante, que o livro inclui, nessa 1ª edição, poemas escritos pelo menos até 1911 (o soneto ao filho nascido morto, em 2 de fevereiro desse ano) e que as *Outras poesias*, acrescentadas por Orris Soares na 2ª edição (1920), são posteriores à estreia do poeta. De qualquer maneira, não resta dúvida de que pertencem à terceira fase, isto é, são

---

[13]Horácio de Almeida *(In Augusto dos Anjos — razões de sua angústia)* afirma que Augusto escreveu "Monólogo de uma sombra" (que Horácio de Almeida intitula "Monólogos de uma sombra") aos 17 anos. Essa é uma espécie de lenda que circula acerca desse poema, sem nenhuma comprovação objetiva. A comparação do "Monólogo" com os demais poemas do autor escritos em 1901 é suficiente para eliminar qualquer dúvida: o poema é de data muito posterior. Por seu vocabulário marcadamente cientificista, que só aparece na poesia de Augusto depois de 1904-5; pela visão filosófica e pelo manejo pleno da linguagem, tendo a situá-lo como um poema da fase madura, isto é, depois de 1905-6.

posteriores a 1910. Essa fase se caracteriza pela predominância quase exclusiva da forma soneto e da temática filosófica, enquanto se reduz a presença de elementos ligados à experiência direta, cotidiana, que marca a segunda fase. Deve ter contribuído para isso a mudança do poeta para o Rio de Janeiro, seu afastamento do ambiente paraibano a que estava afetiva e culturalmente ligado. Esse afastamento ajudaria a explicar certa perda de tensão que se reflete na maioria dos poemas da terceira fase, nos quais já se esboça uma nova atitude diante da vida, menos exacerbada, mais conformada.

A ida de Augusto para o Rio terá certamente rompido a tensão com o ambiente provinciano opressivo e dado início a um processo de mudança ideológica cujos sintomas se percebem nos sonetos "Ao luar", "Anseio", "Revelação (I e II)" e, particularmente, no poemeto "A caridade", publicado na *Gazeta de Leopoldina* em 18 de agosto de 1914, três meses antes de sua morte e que será certamente um dos seus últimos poemas. Essa composição, de linguagem simples e terna impostação, exprime uma nova atitude filosófica de Augusto, conforme confissão do próprio poeta em carta datada de 29 de setembro de 1914. Diz a carta:

> Apesar da monotonia desta cidade, tenho passado bem aqui, não somente sob o ponto de vista da saúde, como também sob o da chamada *vida material*. Quando digo bem da chamada *vida material*, quero dizer, em condições melhores das que as que me infelicitavam dantes, obrigando-me ao *deus-dará* das misericórdias alheias. Não maldigo entretanto a fase angustiosa que pesou sobre o meu destino. Dada a compreensão, peço licença para dizer, superior, que eu tenho do mundo, foi-me mais propícia do que adversa à integração de minha individualidade moral e até mesmo intelectual. Aceito hoje em filosofia o finalismo otimista de Sócrates, o qual em termos vulgares pode ser assim enunciado: tudo quanto sucede é unicamente para o bem.[14]

---

[14]*Apud* BARBOSA, Francisco de Assis. "Notas biográficas", *op. cit.*

Mais importante, porém, que a distinção dessas fases, para compreender a poesia de Augusto dos Anjos, é o exame da maneira como elabora a expressão poética. De acordo com esse enfoque, distingo dois tipos de poemas: aqueles em que o poeta expõe uma ideia determinada, um conceito, e aqueles em que indaga, poemas que são como o processo dialético da indagação, expressão da perplexidade do poeta. No primeiro caso estão os sonetos, em sua maioria; no segundo, os poemas mais longos, que são, via de regra, os melhores, aqueles em que o autor atinge o plano mais alto de sua criação poética. Não é por acaso que isso acontece: antes reflete, de um lado, o condicionamento do trabalho poético às formas preestabelecidas (o soneto) ou não (o poema longo), e, de outro, como a outra face da moeda, a própria disposição mais ou menos aberta do poeta ante a realidade.

Já observamos que a poesia de Augusto dos Anjos surge de um contexto em que atuam as influências do parnasianismo e do simbolismo, às quais não podia estar infenso. A frequência da forma soneto em sua obra é indicativa dessas influências. Se é certo que, por sua temática, sua linguagem, sua visão de mundo, os sonetos que escreve distinguem-se bastante das composições parnasianas e simbolistas, não pode por ele, na maioria dos casos, libertar-se do procedimento a que conduz aquela forma poética. Orris Soares informa, a propósito, que o poeta "não raro começava os sonetos pelo último terceto".[15] Mesmo que não o dissesse, percebe-se isso na leitura atenta dessas composições. Do mesmo modo, procediam os parnasianos e simbolistas: primeiro a "chave de ouro", e depois a construção dos quartetos e do primeiro terceto, de modo a desembocar na chave já pronta. Sem dúvida, é possível, mesmo usando tal

---

[15] SOARES, Orris. "Elogio de Augusto dos Anjos" *in Eu*. 30ª ed., 1965.

modo de escrever, realizar uma composição poética coerente e rica de significação. É certo, porém, que tanto esse procedimento como a forma soneto não ajudam a uma indagação mais aberta e mais ampla. O que geralmente sucede — em que pese às numerosas exceções — é resultar o soneto na conceituação de uma ideia. Não é tanto a forma preestabelecida que limita a criação poética — pois os quartetos e tercetos fixos são apenas o quadro dentro do qual o processo de elaboração forma-conteúdo se dá — mas a ideia preestabelecida que condiciona o processo e tende a mantê-lo na superfície: a elaboração se restringe, com frequência, a preencher a *forma* soneto. O poema em quartetos ou sextilhas, cujo número de estrofes pode ser qualquer um, é sem dúvida uma forma mais livre, mais aberta, que por isso mesmo possibilita uma elaboração mais ampla da matéria poética.

No entanto, ninguém obrigou Augusto a escrever, em tantos casos, sonetos em lugar de poemas mais livres. O fato de ter ele, com tanta frequência, adotado a forma soneto indica o quanto estava condicionado por ela, à qual recorria quando o que desejava exprimir — e portanto quando sua disposição interior — não pedia uma forma mais ampla. Pode-se dizer, sem maior exagero, que, na dialética interna do processo expressivo de Augusto, os poemas longos assinalam os momentos em que a necessidade expressiva conduz o poeta a superar suas próprias limitações e condicionamentos. São momentos em que ele se dispõe a questionar mais profundamente suas relações com a realidade. E é precisamente nesses poemas que os elementos da realidade cotidiana têm maior peso e, ao mesmo tempo, em que sua imaginação poética e sua inventividade verbal atingem nível mais alto. É o caso, por exemplo, dos poemas "Monólogo de uma sombra"; "As cismas do destino"; "Gemidos de arte"; "Os doentes"; "Noite de um visionário"; "Poema negro"; "Queixas noturnas"; "Tristezas de um quarto minguante"; "Viagem de um vencido" e "Mistérios de um fósforo".

Manuel Bandeira observou que nos poemas de Augusto, em geral, "só há calma nos primeiros versos",[16] depois endoidam. É certo. Mas qual a razão disso? É que o poeta parte quase sempre de uma situação concreta para em seguida desenvolver sua indagação, seu processo de transformação e superação do dado imediato. O poema "Os doentes" começa assim:

> *Como uma cascavel que se enroscava*
> *A cidade dos lázaros dormia...*

"Gemidos de arte", assim:

> *Por causa disto, eu vivo pelos matos,*
> *Magro, roendo a substância córnea da unha.*

"Noite de um visionário":

> *Número cento e três. Rua Direita.*

"As cismas do destino":

> *Recife. Ponte Buarque de Macedo.*

"Tristezas de um quarto minguante":

> *Quarto Minguante! E, embora a lua o aclare,*
> *Este Engenho Pau d'Arco é muito triste...*

Às vezes não é o lugar, a situação, mas uma ação concreta que lhe serve de ponto de partida, como em "Mistérios de um fósforo":

> *Pego de um fósforo. Olho-o. Olho-o ainda. Risco-o*

---
[16] BANDEIRA, Manuel. *Apresentação da poesia brasileira*. Rio de Janeiro: Casa do Estudante do Brasil, 1957.

A partir daí, seu pensamento, como especulação ou fantasia, se desdobra, mas num desenvolvimento dialético marcado por sucessivos retornos ao ponto de partida, isto é, à realidade objetiva. E assim se realiza a "superação" do dado imediato, pois essas idas e vindas constituem o processo de transformação do objeto real: a cada retorno ele é outro.

A leitura de poemas como "As cismas do destino" ou "Os doentes" revela a complexidade do processo de criação poética de Augusto dos Anjos, que, a meu juízo, decorre precisamente do fato de que nele a realidade objetiva (vivida antes ou percebida agora) se inclui como dado fundamental. Em poucos poetas brasileiros a indagação filosófica desempenha papel tão importante como em Augusto; não obstante, nem por isso seus poemas são menos irredutíveis à explicação lógica. E mais: na verdade oferecem grande dificuldade ao entendimento lógico. E isso porque a expressão, neles, não se elabora abstratamente, linearmente, mas convocando e misturando, com extraordinária liberdade, os elementos objetivos e subjetivos, a sensação e a fantasia, o cotidiano e o "histórico", a alucinação e o conceito.

Examinemos, a propósito, o poema "As cismas do destino". Na primeira estrofe, o poeta se situa em face da realidade:

Recife. Ponte Buarque de Macedo.
Eu, indo em direção à casa do Agra,
Assombrado com a minha sombra magra,
Pensava no Destino, e tinha medo!

Completa o quadro aludindo ao "fósforo alvo das estrelas" no céu e ao calçamento que lembra "um crânio calvo". Na terceira estrofe, volta a referir-se à ponte, mas já agora sobre ela se estende sua sombra "como uma pele de rinoceronte / estendida por toda a minha vida".

Na quarta estrofe, nova referência à noite, mas já então ligada ao processo orgânico, animal e moral:

> *A noite fecundava o ovo dos vícios*
> *Animais. Do carvão da treva imensa*
> *Caía um ar danado de doença*
> *Sobre a cara geral dos edifícios!*

Na estrofe seguinte, o poeta fala da "matilha espantada dos instintos" que uiva dentro dele e que, na alma da cidade, solta o berro da animalidade. Aprofunda "o raciocínio obscuro" e vê "o trabalho genésico dos sexos / fazendo à noite os homens do Futuro". E desencadeia-se a visão alucinada de fetos que lhe estendem "as mãos rudimentares", lembrando-lhe que sua família é também originária "do antro daquela fábrica terrível".

Quando retorna ao mundo objetivo, o fósforo alvo das estrelas tem agora outra conotação: o Cruzeiro do Sul parece-lhe "o fúnebre candeeiro" que há de alumiá-lo na hora da morte. Sente no corpo o vento bravo que lhe atira flechas e "aplicações hiemais de gelo russo". É "a vingança dos mundos astronômicos" e por toda parte

> *Havia um juiz que lia o meu processo*
> *E uma forca especial que me esperava!*

O vento cessa, novas alucinações o atormentam: o estômago esfaqueado de uma criança e um pedaço de víscera escarlate; deseja que alguma coisa pudesse entrar-lhe no cérebro para liquidar com "a faculdade aziaga da memória". Mas outra obsessão o domina: uma população doente do peito tossia sem remédio em sua alma; sente-lhe na boca o cuspo e ouve-lhe a tosse como o ruído de um calhau a rolar "pelos fundibulários da montanha". Conclui a primeira parte do poema com um retorno "moral" ao mundo objetivo: filosofa sobre o escarro e exprime seu asco aos "canalhas do mundo".

Começa a segunda parte do poema afirmando que foi nessa noite que descobriu "a falta de unidade na matéria": a coexistência dos elementos mais díspares, desde tíbias brancas que rodopiam no ar, duendes que batem no adro das igrejas, até ladrões que vão pela escuridão pensando crimes e seres minerais e animais que não progrediram. Todos esses seres querem falar por sua boca, mas o poeta compreende que o ser humano também é atrasado, não só porque não entende a essência dos fenômenos, como pelos vícios a que se entrega: o alcoolismo, a prostituição. E mesmo porque tudo caminha para a morte. Diante disso, o poeta sonha refugiar-se na "parte abstrata do Universo", mas nesse momento reboa "o eco particular" do seu destino.

A terceira parte do poema é constituída pelo ecoar dessa voz que o dissuade de todas as pretensões: jamais o homem compreenderá a realidade da vida — nem os "fenômenos alegres" nem a dor. A voz faz então a enumeração caótica dos fatos que provariam a complexidade inesgotável da existência. Em seguida, insulta sarcasticamente o poeta, denuncia a vaidade de seus propósitos de perfeição e conclui:

O corvo que comer as tuas fibras
Há de achar nelas um sabor amargo!

A quarta e última parte é o retorno à realidade objetiva, que, como produto de toda a experiência narrada no poema, aparece despida de sentido:

O mundo resignava-se invertido
Nas forças principais do seu trabalho...
A gravidade era um princípio falho,
A análise espectral tinha mentido!

O Estado, a Associação, os Municípios
Eram mortos. De todo aquele mundo
Restava um mecanismo moribundo
E uma teleologia sem princípios.

Eu queria correr, ir para o inferno,
Para que, da psiquê no oculto jogo,
Morressem sufocadas pelo fogo
Todas as impressões do mundo externo!

Mas a Terra negava-me o equilíbrio...
Na Natureza, uma mulher de luto
Cantava, espiando as árvores sem fruto,
A canção prostituta do ludíbrio!

    A complexa elaboração poética de Augusto dos Anjos reflete a complexidade do real que ele procura abranger. Assim, o poema se desenvolve como um discurso "incoerente", aos saltos ("aos estampidos", diria Bandeira), muitas vezes pela justaposição ou montagem de ideias e imagens conflitantes. O poema se realiza como uma aventura do pensamento e da imaginação, sem plano, num desdobrar-se que é ao mesmo tempo o movimento tumultuado do discurso, a manipulação audaciosa dos vocábulos, das rimas, das metáforas. E tudo isso sucede como numa espécie de cena dramática que tem como personagem central o próprio poeta: "este sombrio personagem / do drama panteístico da treva". Tomemos um trecho de "Os doentes".

Era a hora em que arrastados pelos ventos,
Os fantasmas hamléticos dispersos
Atiram na consciência dos perversos
A sombra dos remorsos famulentos.

As mães sem coração rogavam pragas
Aos filhos bons. E eu, roído pelos medos,
Batia com o pentágono dos dedos
Sobre um fundo hipotético de chagas!

Num cenário quase sempre noturno que é o próprio universo com suas "federações de astros" e cemitérios, com seus açougues e prostíbulos, o poeta vagueia como a última testemunha da tragédia, com sua "atormentadíssima cabeça", acometido pela vingança dos cosmos, pelo apelo dos seres que sofrem, por obsessões e alucinações. Se o mundo objetivo é um dos polos do processo poético de Augusto, o outro é o poeta mesmo, e a interação dos dois serve de base ao desdobrar da expressão. E tal relação é uma outra forma em que se revela a visão fundamental do poeta: o desamparo do homem num universo que morre. Mas o que dá particularidade a essa visão é que ela se exprime, não como simples especulação filosófica, mas como um modo de existir do poeta:

Atabalhoadamente pelos becos,
Eu pensava nas coisas que perecem,

Se é fato que nos poemas mais longos a indagação poética de Augusto encontra mais espaço — e mais tempo — para aprofundar-se, é nos sonetos em que ela encontra mais concisão e maior perfeição formal. À simples leitura dos poemas se percebe que esse poeta não foi um cinzelador de versos, um artesão exigente. Em sua poesia, o determinante é o conteúdo, a que ele dá forma sofregamente, às vezes magistralmente, graças a uma profunda intuição da forma e um virtuosismo verbal muito grande. Seus poemas apresentam aqui e ali as consequências dessa sofreguidão: versos ora duros demais, ora frouxos demais, excesso de adjetivação, rimas forçadas. Raramente nos defrontamos com um poema que se possa considerar perfeito do ponto de vista do acabamento formal. De qualquer modo, é mais fácil encontrá-lo entre os sonetos do que entre os poemas longos. Resta, contudo, sublinhar que, nele, essa perfeição nunca aparece como resultado da preocupação formal ou do trabalho de polimento posterior, e sim como reflexo de um estado interior que consegue plena formulação poética. E não poderia ser de outro modo, já que Augusto, em que pese a aparência cientificista e racionalizante de seus poemas, é sobretudo um criador de "atmosferas", nisso residindo talvez a força principal de sua linguagem "gótica" e teatral. Daí a adequação de tema e linguagem que descobrimos em seus melhores momentos, e particularmente em sonetos como "Asa de corpo", "O morcego", "O lamento das coisas", entre outros. Mas é sobretudo em "Asa de corvo" que essa adequação atinge seu ponto mais alto, fazendo com que os valores fonéticos, as rimas e as imagens formem uma totalidade semântica cuja irradiação ultrapassa o que a mera leitura conceitual poderia captar. Vejamos:

Asa de corvos carniceiros, asa
De mau agouro que, nos doze meses,
Cobre às vezes o espaço e cobre às vezes
O telhado de nossa própria casa...

Perseguido por todos os reveses,
É meu destino viver junto a essa asa,
Como a cinza que vive junto à brasa,
Como os Goncourts, como os irmãos siameses!

É com essa asa que eu faço este soneto
E a indústria humana faz o pano preto
Que as famílias de luto martiriza...

> *É ainda com essa asa extraordinária*
> *Que a Morte — a costureira funerária —*
> *Cose para o homem a última camisa!*

Além da atmosfera que se cria já com o primeiro verso do soneto, além do mundo de conotações precipitadas pelos conceitos, alusões e imagens, há um outro nível de conotações que nascem da sucessão do som *"z"* que atravessa todo o poema:

Asa .... asa
.. doze meses
.... às vezes .... às vezes
.. casa
.. todos os reveses
.. asa
.... a cinza .... brasa
.. siameses
.... asa ....
.... faz o ....
.. martiriza
.... asa ....
..
Cose .... camisa

Esse segundo nível de conotações torna mais densa a carga semântica do poema, sua atmosfera de fatalidade e mau agouro, como a fazer presente duas palavras que não são nunca pronunciadas nele mas que seriam os motores ocultos do discurso poético: *aziago* e *azar*.

VII

Pode-se dizer, a respeito de qualquer poeta significativo, que sua obra constitui um "universo verbal". Também metaforicamente pode-se falar de "sistema". Cada poeta dá "um sentido novo às palavras da tribo", para usar a célebre expressão de Mallarmé. O que permite empregar, para definir esse fenômeno, denominações como "universo" ou "sistema" é o fato de que a metamorfose a que o poeta submete a linguagem comum, embora não obedeça a uma sistemática explícita (isto é, à aplicação sistemática de um método objetivo), tende a uma coerência.

Ao contrário do filósofo, que busca uma coerência conceitual, o poeta alimenta a pretensão de atingir uma coerência mais complexa. Não é correto colocá-lo como antípoda do indagador sistemático, já que o poeta não abdica de construir um discurso "sábio", e quando abre mão disso a poesia se torna mero jogo de palavras. Testemunha da complexidade do mundo, compelido como o filósofo a ordená-lo, nega-se a fazê-lo se o preço a pagar for dissolver a experiência concreta na generalidade dos conceitos. Mas tampouco pode o poeta fechar-se no particular da experiência, se o que o move é precisamente a necessidade de transcendê-la: transcender o particular, inserir a experiência particular no geral é redimi-la, torná-la história humana. Assim, o poeta vive a expressão como contradição jamais plenamente superável, e daí o caráter ambíguo de seu discurso-antidiscurso que está sempre tendendo à coerência e sempre se furtando a ela. Não obstante, essa contradição se supera parcial e momentaneamente no poema quando à coerência conceitual negada se sobrepõe a coerência estética. Esse é o modo específico da superação poética: criar outra coerência que não organiza as palavras apenas pelo significado usual: a elaboração poética gera um novo contexto, um novo "sistema", dentro do qual as palavras da tribo têm um novo sentido. Esse universo verbal contém, em termos irredutíveis a outro sistema de sinais, a visão de mundo do poeta. O grau de coerência, por um lado, e o grau de complexidade, por outro, desse universo definem a qualidade estética da obra e a profundidade da visão que a informa. Mas, antes, define-a como *obra poética*, isto é, um universo de significações próprio.

Há poetas que apenas escreveram alguns poemas — são os "bissextos", segundo a denominação de Bandeira. Há poetas que escreveram muitos livros mas só alguns poemas realmente significativos. E poucos são aqueles que conseguiram realmente criar uma obra poética, um universo poético próprio. Augusto é um destes. Certamente nem todos os seus poemas atingem o nível de qualidade que encontramos, por exemplo, em "As cismas do destino" ou em "Asa de corvo" mas, com raras exceções, todos os poemas pertencentes à fase madura (a partir de 1906) se integram num conjunto mais ou menos coerente que constitui o universo poético de Augusto dos Anjos.

Na origem desse universo poético estão dois elementos contraditórios: uma visão e um sentimento do mundo, uma concepção teórica e uma disposição afetiva que se contradizem e se constituem dialeticamente. A visão teórica compreende a vida como fenômeno material sujeito às implacáveis leis da natureza; a disposição afetiva acolhe essa visão como uma tragédia, sofre-a, rebela-se contra ela, busca superá-la na criação estética. Um lúgubre sentimento de morte e deterioração penetra toda a obra, gerando uma linguagem poética peculiar, original.

A geração dessa linguagem se faz em diferentes níveis, evoluindo do conceitual para o poético. No primeiro nível, estão as afirmações de caráter teórico que apresentam o transformismo como lei universal a que todos os seres estão sujeitos e a vida como produto da evolução da matéria. Nesse nível da expressão, a morte se define como "a absorção do movimento enorme / na dispersão dos átomos difusos", o retorno à "universalidade do carbono". A morte não atinge, porém, apenas a vida orgânica mas o próprio universo, pois o poeta nota, além dos "séculos enfermos", uma diminuição dinâmica, "derrota / na atual força, integérrima, da Massa", que "destrói a ebulição da água / e põe todos os astros na desgraça".

No segundo nível de elaboração, a visão-sentimento da morte gera expressões poeticamente mais complexas:

> *Os evolucionismos benfeitores*
> *Que por entre os cadáveres caminham,*
> *Iguais a irmãs de caridade, vinham*
> *Com a podridão dar de comer às flores!*

Outro exemplo:

> *— Esta universitária sanguessuga*
> *Que produz, sem dispêndio algum de vírus,*
> *O amarelecimento do papirus*
> *E a miséria anatômica da ruga!*

Ou ainda:

> *Desde as musculaturas que apodrecem*
> *À ruína vegetal dos lírios secos.*

Já não se trata de deterioração como um conceito abstrato, universal: essa universalidade agora particularizada nos fenômenos se expressa em imagens, ricas de referências. No entanto, os indícios de uma elaboração verbal mais complexa situam-se no que consideramos o terceiro nível. Aí encontramos as expressões que já derivam do próprio sistema criado pelo poeta e que só se explicam plenamente no contexto de sua linguagem poética. Exemplificando: um dos traços do real que mais impressionam a Augusto é o seu caráter quantitativo ("ao pegar um milhão de miolos gastos") que é uma decorrência de sua própria visão filosófica, e daí o uso frequente em seus poemas de números, algarismos, alusões à matemática, à aritmética. A essa visão quantitativa dos fenômenos se casa a visão da morte:

> *Numerar sepulturas e carneiros,*
> *Reduzir carnes podres a algarismos,*
> *Tal é, sem complicados silogismos,*
> *A aritmética hedionda dos coveiros!*

O número dos que morrem é interminável, e ele vê, "na progressão dos números inteiros / a gênese de todos os abismos". Essa relação entre a morte e os números se expressa, noutro poema, numa alucinação noturna em que os esqueletos rodopiam "numa dança de números quebrados". E assim como o coveiro é o "Pitágoras da última aritmética", existe uma matemática da morte:

> *E aquela matemática da Morte*
> *Com os seus números negros, me assombrava!*

Os números se tornam "esoterismos da morte", que é agora denominada "esse danado número Um / que matou Cristo e que matou Tibério". E desse universo metafórico emerge aquele enigmático "O Último Número", "tragicamente de si mesmo oriundo" que, na hora da morte, diz ao poeta:

> *Pois que a minha ontogênica Grandeza*
> *Nunca vibrou em tua língua presa,*
> *Não te abandono mais! Morro contigo!*

Assim, a mitologia dos números se liga a outro anel de significações, a do Indizível ("para falar puxa e repuxa a língua / e não lhe vem à boca uma palavra"), e a do Incognoscível ("apenas encontrou na ideia gasta / o horror dessa mecânica nefasta / a que todas as coisas se reduzem"; "jamais, magro homem, saberás a causa / de todos os fenômenos alegres"); como se liga também àquela "voz" que se ouve em muitos dos poemas de Augusto (ou a voz de uma sombra que vem de outras eras, ou o eco particular do destino, ou a natureza que fala) e que está sempre negando a possibilidade de poder o homem compreender e exprimir o sentido do mundo.

Tomemos outro exemplo: ao mesmo tempo que acentua o caráter enigmático da morte, o poeta a vê como uma realidade de todos os dias, sublinha-lhe o caráter cotidiano, banal e até mesmo comercial, e tece assim todo um mundo de metáforas e conotações. Fenômeno da sociedade e da família, a morte é "a alfândega onde toda a vida orgânica / há de pagar um dia o último imposto". Com ela relaciona tanto a herança genética quanto a herança dos bens, da propriedade. Assim, o filósofo, ao morrer, deixa "o espólio de seus dedos"; o deus-verme é o *herdeiro universal*, pois "no inventário da matéria rica / cabe aos seus filhos a maior porção". E é desse contexto metafórico que surge aquela metáfora genial e macabra:

A bacteriologia inventariante
Toma conta do corpo que apodrece...

Outro traço marcante do universo verbal de Augusto dos Anjos é o uso contumaz de palavras tomadas ao vocabulário científico e filosófico. Habitualmente, a crítica acentua o aspecto negativo dessa terminologia na linguagem do poeta. A observação é procedente. É tempo, no entanto, de apreciar o problema mais detidamente. A preocupação com os problemas científicos e filosóficos não é um dado eventual na obra de Augusto dos Anjos, mas um fator constitutivo dela. A terminologia que toma àquelas disciplinas é instrumento indispensável à expressão de suas inquietações e perplexidades. Se, como disse Urban, o limite da linguagem é o limite do real, esse universo vocabular de pólipos, neuroplasmas, infusórios e aneurismas, se não é todo o "mundo" do poeta, é parte integrante dele. Do mesmo modo que a realidade terrível — que a ciência e a filosofia lhe põem diante dos olhos — constitui um dos polos de sua indagação poética, a terminologia científico-filosófica constitui um dos polos de sua linguagem; isto é, como a realidade, essa terminologia — expressão da realidade — deve ser transfigurada. É sem dúvida impossível descartar a presença de certo pernosticismo no uso de palavras às vezes abstrusas, mas isso pode ser explicado como um escudo de erudição com que o poeta se protege para descer ao inferno da vulgaridade e do máu gosto.[17]

Dentro deste enfoque, a terminologia científico-filosófica deixa de ser um elemento meramente negativo da poesia de Augusto para se tornar expressão de sua problemática, fator constitutivo de seu universo poético. De fato, numerosas vezes o poeta consegue extrair beleza do uso dessa terminologia:

Essa necessidade de horroroso,
Que é talvez propriedade do carbono!

Ou, no final desse mesmo poema, "Monólogo de uma sombra":

Até que minha efêmera cabeça
Reverta à quietação da treva espessa
E à palidez das fotosferas mortas!

Como nos primeiros versos de "Psicologia de um vencido":

Eu, filho do carbono e do amoníaco,
Monstro de escuridão e rutilância,

---
[17] "Augusto dos Anjos, poucos anos depois e à semelhança de Benn, buscava a palavra de dura e firme consistência, a palavra que não participasse da corrupção para que, deste modo, pudesse tanto melhor exprimir e superar as visões da podridão". ROSENFELD, Anatol. "A costela de prata de Augusto dos Anjos" *in Textos críticos, op. cit.*

O tom quase coloquial que imprime aos versos, como seu desenvolvimento melódico, consegue assimilar o vocabulário extravagante à naturalidade da fala, tornando-o além do mais um elemento encantatório:

> *A simbiose das coisas me equilibra.*
> *Em minha ignota mônada, ampla, vibra*
> *A alma dos movimentos rotatórios...*

Outras vezes, quebra o caráter técnico ou esotérico daquelas palavras pela utilização no mesmo verso ou na mesma estrofe, ou como rima, de palavras de uso vulgar:

> *Esbandalhando essa unidade calma,*
> *Que forma a coerência do ser vivo.*

Ou:

> *Como o machucamento das insônias*
> *Te estraga, quando toda a estuada Ideia*
> *Dás ao sôfrego estudo da ninfeia*
> *E de outras plantas dicotiledôneas!*

E rima *blastodermas* com *palermas*, *plasma* com *entusiasma*, *carbono* com *abandono*. Vê-se, portanto, que um dos fatores que constituem a marca e o fascínio do mundo verbal de Augusto dos Anjos é essa mescla de palavras eruditas com palavras vulgares, de construções pernósticas com empostações coloquiais. E de tal modo esses elementos se integram numa espécie de sortilégio vocabular que tornam possível ao poeta arquitetar estrofes que seriam inaceitáveis noutro contexto:

Vinha, às vezes, porém, o anelo instável
De, com o auxílio especial do osso masséter,
Mastigando homeoméricas neutras de éter
Nutrir-me da matéria imponderável.

Anelava ficar um dia, em suma,
Menor que o anfióxus e inferior à tênia,
Reduzido à plastídula homogênea,
Sem diferenciação de espécie alguma.

Ao fim dessa sucessão complicada de palavras complicadas, o último verso, claro e espontâneo — "sem diferenciação de espécie alguma" — surge como uma "decifração" do que não se entendera até ali. E esse alívio de tensão nos induz a seguir adiante, nesse labirinto vocabular que nos lembra, noutro plano, pelo que tem de encantatório, a linguagem de João Guimarães Rosa no *Grande sertão: veredas*. Só um alto domínio da expressão, da técnica do verso, e a extraordinária riqueza rítmica de sua linguagem, possibilitaram a Augusto dos Anjos construir, com semelhante material, um universo verbal de irresistível e extravagante beleza.

E já que, de maneira imprevista, aproximei aqui o bárbaro Augusto do requintado Guimarães Rosa (e se Bandeira, seguindo Gilberto Freyre, aproximou o autor do *Eu* de Euclides da Cunha, e o autor de *Grande sertão* não é um parente muito distante do autor de *Os sertões*), vou agora adiante e aproximo o grandiloquente Augusto dos Anjos de dois escritores tidos como os menos retóricos de nossa literatura: Graciliano Ramos e João Cabral de Melo Neto. Vejamos:

> Nenhum objeto, asa ou vela, perturbava a monotonia. Filandras apenas, a confusão das tripas vivas, fosforescências pálidas, revérberos do sol no marulho, uma tira de espuma rente ao costado. Brisas ásperas batiam-me na cara. [RAMOS, Graciliano. *Memórias do cárcere*. Rio de Janeiro: Record, 1º vol., 1989]

Os roncos medonhos das tripas enchiam a noite, secretas necessidades orgânicas a manifestar-se em público. Indignava-me o impudor coletivo, a ausência de respeito mútuo, e queria explicar esse comportamento sujo. [*Ibidem*, 2º vol., 1989]

À noite o sono fugiu, não houve meio de agarrá-lo. A negra estava ali perto da minha cama, na mesa da sala de jantar, sem braços, sem pernas, e tinha dois palmos, três palmos de menino. De repente se desenvolvia em excesso, monstruosa. Sob a testa imensa rasgavam-se precipícios imensos. O nariz era um açude imenso, de pus. E os dentes se alargavam, numa gargalhada imensa. Em noites comuns, para escapar aos habitantes da treva, eu envolvia a cabeça. Isto me resguardava: nenhum fantasma viria perseguir-me. O tição apagado avizinhava-se puxava a coberta, ligava-se ao meu corpo, sujava-me com a salmoura que vertia de gretas profundas. As órbitas vazias espiavam-me, a lama do nariz borbulhava num estertor, os dentes se acavalavam e queriam morder-me. Encolhia-me, escondia o rosto no travesseiro, e a visão continuava a atenazar-me. Os arrepios que me agitavam mudaram-se em tremor violento. Não resisti ao suplício, gritei como um doido, alarmei a família. Vieram buscar-me, tentaram varrer-me o espectro da imaginação, acomodaram-me aos pés da cama do casal. Aí me abati, no círculo de luz da lamparina, ouvindo o canto dos galos, até que a madrugada me trouxe uma ligeira modorra cheia de sonhos ruins. Adormeci com a figura asquerosa, despertei com ela. [Idem. *Infância*. Rio de Janeiro: Record, 1996]

As passagens citadas são uma pequena amostra. Mas servem para assinalar o gosto do velho Graça pelos proparoxítonos, pela mistura de palavras preciosas e chulas, pelo ritmo áspero da frase. E mais que isto: a necessidade que tem de expor a realidade na sua abjeção, no seu mau gosto, mesmo quando possa provocar engulhos no leitor. Lembra também Augusto, no trecho citado de *Infância*, a atmosfera de pesadelo e terror, o ambiente familiar e a alusão aos "habitantes da treva". Talvez que tal aproximação nos ajude a ver melhor a poesia do poeta paraibano, como produto do ambiente nordestino, apreciando sob outra luz a sua temática considerada tão mórbida a ponto de torná-lo objeto de estudo dos psicanalistas. Quem sabe esse tamanho horror ao mau gosto não encobre de fato um horror à realidade? Quem sabe não é também um resquício das concepções estéticas, hoje superadas, que viam a arte como a expressão do Belo e dela excluíam a matéria mesma da vida?

A aproximação com João Cabral, este mesmo a sugere, ao mencioná-lo juntamente com Cesário Verde e Francis Ponge na série de poemas "O sim contra o sim":

> *Augusto dos Anjos não tinha*
> *dessa tinta água clara.*
> *Se água, do Paraíba*
> *nordestino, que ignora a fábula.*

Não se trata de uma afinidade estilística, João Cabral fala uma retórica às avessas, uma linguagem deliberadamente sem fulgurações, mais tátil que auditiva: suas metáforas prediletas aludem a cal, faca, giz, pedra, deserto. Se Augusto é orgânico, João é mineral. É uma afinidade de contrários: ambos são obcecados pela morte. Ambos, descendentes de famílias decadentes da oligarquia rural nordestina, dos engenhos, são testemunhas de um mundo que deteriora; têm a morte presente:

> *A gente funerária*
> *que cuida da finada*
> *nem veste seus despojos:*
> *atam-na, feixe de ossos.*[18]

---

[18] MELO NETO, João Cabral de. "A cana dos outros" *in A educação pela pedra*. Rio de Janeiro: Alfaguara.

É impressionante a quantidade de poemas de João Cabral acerca de cemitérios, defuntos e enterros. Sem falar em *Morte e vida Severina*, apenas no livro *Terceira feira*, que tenho aqui à mão, há os seguintes poemas sobre esses temas: "Cemitério alagoano", "Cemitério paraibano", "Cemitério pernambucano (I)"; "Cemitério pernambucano (II)", quatro poemas sobre o "Velório de um comendador", além do "Congresso no Polígono das Secas", que é um poema em 16 partes, todo ele sobre os "cemitérios gerais". Uma das estrofes diz:

Nem conhecem a frase,
prima, da podridão,
em que os defuntos se projetam,
quando nada, em exalação.

Mas a atmosfera de morte e deterioração está presente em outros poemas, como nas "Paisagens com cupim":[19]

Tudo se gasta mas de dentro:
o cupim entre os poros, lento,
e por mil túneis, mil canais,
as coisas desfia e desfaz.

Por fora, o manchado reboco
vai-se afrouxando, mais poroso,
enquanto desfaz-se, intestina,
o que era parede, em farinha.

Não lembra, "a casa do finado Toca" no velho Engenho do Pau d'Arco? Lá também não há o cupim a minar o "âmago fino do teto", a cobrir as paredes e portas com seu "complicadíssimo intestino"? É curioso observar como esses dois "poetas da morte" reagem literariamente diante do tema: o universo

---
[19] Cf. MELO NETO, João Cabral de. *A educação pela pedra*. Rio de Janeiro: Alfaguara.

metafórico de Augusto se alimenta da podridão, dos vermes, da noite, do luto, do carvão, dos signos zodiacais, da superstição; o de João Cabral, da calcinação, da aridez, do ossuário, da cal viva — a morte diurna. Os mortos de Augusto apodrecem e fedem; os de João secam, viram cal; Augusto fala de sua própria morte; João, da morte dos outros. João Cabral jamais poria em livro seu o título *Eu* — nem mesmo *Tu* ou *Nós* —, poria *Eles*. Sua linguagem mineral é uma tentativa, não apenas de deter o fluir da linguagem, mas o fluir do próprio tempo da existência. Sua retórica antirretórica é uma defesa contra a morte.

Apesar de todas essas diferenças, Augusto dos Anjos está presente na obra do poeta pernambucano. Basta-nos mais um exemplo. "Versos a um coveiro", de Augusto:

Numerar sepulturas e carneiros,
Reduzir carnes podres a algarismos,
Tal é, sem complicados silogismos,
A aritmética hedionda dos coveiros!

Um, dois, três, quatro, cinco... Esoterismos
Da Morte! E eu vejo, em fúlgidos letreiros,
Na progressão dos números inteiros
A gênese de todos os abismos!

Oh! Pitágoras da última aritmética,
Continua a contar na paz ascética
Dos tábidos carneiros sepulcrais

Tíbias, cérebros, crânios, rádios e úmeros,
Porque, infinita como os próprios números,
A tua conta não acaba mais!

E agora, de João Cabral, a parte 14 ou H, do "Congresso no Polígono das Secas (ritmo senador; Sotaque Sulista)".[20]

---
[20] *Ibidem.*

— *Cemitérios gerais
que os restos não largam
até que os tenham trabalhado
em sua parcial matemática.*

— *E terem dividido
o resto pelo nada,
e então restado do que resta
a pouca coisa que restava.*

— *Aqui, toda aritmética
dá o resultado nada,
pois dividir e subtrair
são as operações empregadas.*

 Esse paralelismo crítico poderia ser levado adiante e aprofundado com amplas consequências para a compreensão, não apenas dos dois poetas, como do próprio fenômeno da poesia brasileira moderna. Uma visão crítica, que se forjou na luta contra o verbalismo da geração anterior a 1922, conduziu a outro tipo de formalismo e obscureceu a compreensão da poesia como fenômeno existencial e histórico. Nem Drummond nem João Cabral têm culpa disso: a crítica deve buscar nos poetas, por baixo do que eles dizem explicitamente, a problemática profunda que lhes informa a expressão. No que se refere a Augusto dos Anjos, pode-se dizer que ele pagou o preço de ter sido o primeiro a pôr em versos a indigência da morte (e vida) nordestina.

Lima, 1974.
Buenos Aires, 1975.

EU

MONÓLOGO DE UMA SOMBRA

"Sou uma Sombra! Venho de outras eras,
Do cosmopolitismo das moneras...
Pólipo de recônditas reentrâncias,
Larva de caos telúrico, procedo
Da escuridão do cósmico segredo,
Da substância de todas as substâncias!

A simbiose das coisas me equilibra.
Em minha ignota mônada, ampla, vibra
A alma dos movimentos rotatórios...
E é de mim que decorrem, simultâneas,
A saúde das forças subterrâneas
E a morbidez dos seres ilusórios!

Pairando acima dos mundanos tetos,
Não conheço o acidente da *Senectus*
— Esta universitária sanguessuga
Que produz, sem dispêndio algum de vírus,
O amarelecimento do papirus
E a miséria anatômica da ruga!

Na existência social, possuo uma arma
— O metafisicismo de Abidarma —
E trago, sem bramânicas tesouras,
Como um dorso de azêmola passiva,
A solidariedade subjetiva
De todas as espécies sofredoras.

Com um pouco de saliva quotidiana
Mostro meu nojo à Natureza Humana.
A podridão me serve de Evangelho...
Amo o esterco, os resíduos ruins dos quiosques
E o animal inferior que urra nos bosques
É com certeza meu irmão mais velho!

Tal qual quem para o próprio túmulo olha,
Amarguradamente se me antolha,
À luz do americano plenilúnio,
Na alma crepuscular de minha raça
Como uma vocação para a Desgraça
E um tropismo ancestral para o Infortúnio.

Aí vem sujo, o caçar chagas plebeias,
Trazendo no deserto das ideias
O desespero endêmico do inferno,
Com a cara hirta, tatuada de fuligens
Esse mineiro doido das origens,
Que se chama o Filósofo Moderno!

Quis compreender, quebrando estéreis normas,
A vida fenomênica das Formas,
Que, iguais a fogos passageiros, luzem...
E apenas encontrou na ideia gasta,
O horror dessa mecânica nefasta,
A que todas as coisas se reduzem!

E hão de achá-lo, amanhã, bestas agrestes,
Sobre a esteira sarcófaga das pestes
A mostrar, já nos últimos momentos,
Como quem se submete a uma charqueada,
Ao clarão tropical da luz danada,
O espólio dos seus dedos peçonhentos.

Tal a finalidade dos estames!
Mas ele viverá, rotos os liames
Dessa estranguladora lei que aperta
Todos os agregados perecíveis,
Nas eterizações indefiníveis
Da energia intra-atômica liberta!

Será calor, causa úbiqua de gozo,
Raio X, magnetismo misterioso,
Quimiotaxia, ondulação aérea,
Fonte de repulsões e de prazeres,
Sonoridade potencial dos seres,
Estrangulada dentro da matéria!

E o que ele foi: clavículas, abdômen,
O coração, a boca, em síntese, o Homem,
— Engrenagem de vísceras vulgares —
Os dedos carregados de peçonha,
Tudo coube na lógica medonha
Dos apodrecimentos musculares!

A desarrumação dos intestinos
Assombra! Vede-a! Os vermes assassinos
Dentro daquela massa que o húmus come,
Numa glutoneria hedionda, brincam,
Como as cadelas que as dentuças trincam
No espasmo fisiológico da fome.

É uma trágica festa emocionante!
A bacteriologia inventariante
Toma conta do corpo que apodrece...
E até os membros da família engulham,
Vendo as larvas malignas que se embrulham
No cadáver malsão, fazendo um s.

E foi então para isto que esse doudo
Estragou o vibrátil plasma todo,
À guisa de um faquir, pelos cenóbios?!...
Num suicídio graduado, consumir-se,
E após tantas vigílias, reduzir-se
À herança miserável de micróbios!

Estoutro agora é o sátiro peralta
Que o sensualismo sodomista exalta,
Nutrindo sua infâmia a leite e a trigo...
Como que, em suas células vilíssimas,
Há estratificações requintadíssimas
De uma animalidade sem castigo.

Brancas bacantes bêbedas o beijam.
Suas artérias hírcicas latejam,
Sentindo o odor das carnações abstêmias,
E à noite, vai gozar, ébrio de vício,
No sombrio bazar do meretrício,
O cuspo afrodisíaco das fêmeas.

No horror de sua anômala nevrose,
Toda a sensualidade da simbiose,
Uivando, à noite, em lúbricos arroubos,
Como no babilônico *sansara*,
Lembra a fome incoercível que escancara
A mucosa carnívora dos lobos.

Sôfrego, o monstro as vítimas aguarda.
Negra paixão congênita, bastarda,
Do seu zooplasma ofídico resulta...
E explode, igual à luz que o ar acomete,
Com a veemência mavórtica do ariete
E os arremessos de uma catapulta.

Mas muitas vezes, quando a noite avança,
Hirto, observa através a tênue trança
Dos filamentos fluídicos de um halo
A destra descarnada de um duende,
Que, tateando nas tênebras, se estende
Dentro da noite má, para agarrá-lo!

Cresce-lhe a intracefálica tortura,
E de su'alma na caverna escura,
Fazendo ultraepiléticos esforços,
Acorda, com os candeeiros apagados,
Numa coreografia de danados,
A família alarmada dos remorsos.

É o despertar de um povo subterrâneo!
É a fauna cavernícola do crânio
— Macbeths da patológica vigília,
Mostrando, em rembrandtescas telas várias,
As incestuosidades sanguinárias
Que ele tem praticado na família.

As alucinações tácteis pululam.
Sente que megatérios o estrangulam...
A asa negra das moscas o horroriza;
E autopsiando a amaríssima existência
Encontra um cancro assíduo na consciência
E três manchas de sangue na camisa!

Mingua-se o combustível da lanterna
E a consciência do sátiro se inferna,
Reconhecendo, bêbedo de sono,
Na própria ânsia dionísica do gozo,
Essa necessidade de *horroroso*,
Que é talvez propriedade do carbono!

Ah! Dentro de toda a alma existe a prova
De que a dor como um dartro se renova,
Quando o prazer barbaramente a ataca...
Assim também, observa a ciência crua,
Dentro da elipse ignívoma da lua
A realidade de uma esfera opaca.

Somente a Arte, esculpindo a humana mágoa,
Abranda as rochas rígidas, torna água
Todo o fogo telúrico profundo
E reduz, sem que, entanto, a desintegre,
À condição de uma planície alegre,
A aspereza orográfica do mundo!

Provo desta maneira ao mundo odiento
Pelas grandes razões do sentimento,
Sem os métodos da abstrusa ciência fria
E os trovões gritadores da dialética,
Que a mais alta expressão da dor estética
Consiste essencialmente na alegria.

Continua o martírio das criaturas:
— O homicídio nas vielas mais escuras,
— O ferido que a hostil gleba atra escarva,
— O último solilóquio dos suicidas —
E eu sinto a dor de todas essas vidas
Em minha vida anônima de larva!"

Disse isto a Sombra. E, ouvindo estes vocábulos,
Da luz da lua aos pálidos venábulos,
Na ânsia de um nervosíssimo entusiasmo,
Julgava ouvir monótonas corujas,
Executando, entre caveiras sujas,
A orquestra arrepiadora do sarcasmo!

Era a alegria panteísta do Universo,
Na podridão do sangue humano imerso,
Prostituído talvez, em suas bases...
Era a canção da Natureza exausta,
Chorando e rindo na ironia infausta
Da incoerência infernal daquelas frases.

E o turbilhão de tais fonemas acres
Trovejando grandíloquos massacres,
Há-de ferir-me as auditivas portas,
Até que minha efêmera cabeça
Reverta à quietação da treva espessa
E à palidez das fotosferas mortas!

AGONIA DE UM FILÓSOFO

Consulto o Phtah-Hotep. Leio o obsoleto
Rig-Veda. E, ante obras tais, me não consolo...
O Inconsciente me assombra e eu nele tolo
Com a eólica fúria do harmatã inquieto!

Assisto agora à morte de um inseto!...
Ah! todos os fenômenos do solo
Parecem realizar de polo a polo!
O ideal de Anaximandro de Mileto!

No hierático areopago heterogêneo
Das ideias, percorro como um gênio
Desde a alma de Haeckel à alma cenobial!...

Rasgo dos mundos o velário espesso;
E em tudo, igual a Goethe, reconheço
O império da *substância universal*!

O MORCEGO

Meia-noite. Ao meu quarto me recolho.
Meu Deus! E este morcego! E, agora, vede:
Na bruta ardência orgânica da sede,
Morde-me a goela ígneo e escaldante molho.

"Vou mandar levantar a outra parede..."
— Digo. Ergo-me a tremer. Fecho o ferrolho
E olho o teto. E vejo-o ainda, igual a um olho,
Circularmente sobre a minha rede!

Pego de um pau. Esforços faço. Chego
A tocá-lo. Minh'alma se concentra.
Que ventre produziu tão feio parto?!

A Consciência Humana é este morcego!
Por mais que a gente faça, à noite, ele entra
Imperceptivelmente em nosso quarto!

PSICOLOGIA DE UM VENCIDO

Eu, filho do carbono e do amoníaco,
Monstro de escuridão e rutilância,
Sofro, desde a epigênese da infância,
A influência má dos signos do zodíaco.

Profundissimamente hipocondríaco,
Este ambiente me causa repugnância...
Sobe-me à boca uma ânsia análoga à ânsia
Que se escapa da boca de um cardíaco.

Já o verme — este operário das ruínas —
Que o sangue podre das carnificinas
Come, e à vida em geral declara guerra,

Anda a espreitar meus olhos para roê-los,
E há de deixar-me apenas os cabelos,
Na frialdade inorgânica da terra!

A IDEIA

De onde ela vem?! De que matéria bruta
Vem essa luz que sobre as nebulosas
Cai de incógnitas criptas misteriosas
Como as estalactites duma gruta?!

Vem da psicogenética e alta luta
Do feixe de moléculas nervosas,
Que, em desintegrações maravilhosas,
Delibera, e depois, quer e executa!

Vem do encéfalo absconso que a constringe,
Chega em seguida às cordas da laringe,
Tísica, tênue, mínima, raquítica...

Quebra a força centrípeta que a amarra,
Mas, de repente, e quase morta, esbarra
No molambo da língua paralítica!

O LÁZARO DA PÁTRIA

Filho podre de antigos Goitacases,
Em qualquer parte onde a cabeça ponha,
Deixa circunferências de peçonha,
Marcas oriundas de úlceras e antrazes.

Todos os cinocéfalos vorazes
Cheiram seu corpo. À noite, quando sonha,
Sente no tórax a pressão medonha
Do bruto embate férreo das tenazes.

Mostra aos montes e aos rígidos rochedos
A hedionda elefantíase dos dedos...
Há um cansaço no Cosmos... Anoitece.

Riem as meretrizes no Casino,
E o Lázaro caminha em seu destino
Para um fim que ele mesmo desconhece!

IDEALIZAÇÃO DA HUMANIDADE FUTURA

Rugia nos meus centros cerebrais
A multidão dos séculos futuros
— Homens que a herança de ímpetos impuros
Tornara etnicamente irracionais! —

Não sei que livro, em letras garrafais,
Meus olhos liam! No húmus dos monturos,
Realizavam-se os partos mais obscuros,
Dentre as genealogias animais!

Como quem esmigalha protozoários
Meti todos os dedos mercenários
Na consciência daquela multidão...

E, em vez de achar a luz que os Céus inflama,
Somente achei moléculas de lama
E a mosca alegre da putrefação!

SONETO

>Ao meu primeiro filho nascido
>morto com 7 meses incompletos
>2 fevereiro 1911.

Agregado infeliz de sangue e cal,
Fruto rubro de carne agonizante,
Filho da grande força fecundante
De minha brônzea trama neuronial,

Que poder embriológico fatal
Destruiu, com a sinergia de um gigante,
Em tua *morfogênese* de infante
A minha *morfogênese* ancestral?!

Porção de minha plásmica substância,
Em que lugar irás passar a infância,
Tragicamente anônimo, a feder?!...

Ah! Possas tu dormir feto esquecido,
Panteisticamente dissolvido
Na *noumenalidade* do NÃO SER!

VERSOS A UM CÃO

Que força pôde adstrita e embriões informes,
Tua garganta estúpida arrancar
Do segredo da célula ovular
Para latir nas solidões enormes?!

Esta obnóxia inconsciência, em que tu dormes,
Suficientíssima é, para provar
A incógnita alma, avoenga e elementar
Dos teus antepassados vermiformes.

Cão! — Alma de inferior rapsodo errante!
Resigna-a, ampara-a, arrima-a, afaga-a, acode-a
A escala dos latidos ancestrais...

E irá assim, pelos séculos, adiante,
Latindo a esquisitíssima prosódia
Da angústia hereditária dos teus pais!

O DEUS-VERME

Fator universal do transformismo.
Filho da teleológica matéria,
Na superabundância ou na miséria,
Verme — é o seu nome obscuro de batismo.

Jamais emprega o acérrimo exorcismo
Em sua diária ocupação funérea,
E vive em contubérnio com a bactéria,
Livre das roupas do antropomorfismo.

Almoça a podridão das drupas agras,
Janta hidrópicos, rói vísceras magras
E dos defuntos novos incha a mão...

Ah! Para ele é que a carne podre fica,
E no inventário da matéria rica
Cabe aos seus filhos a maior porção!

DEBAIXO DO TAMARINDO

No tempo de meu Pai, sob estes galhos,
Como uma vela fúnebre de cera,
Chorei bilhões de vezes com a canseira
De inexorabilíssimos trabalhos!

Hoje, esta árvore, de amplos agasalhos,
Guarda, como uma caixa derradeira,
O passado da Flora Brasileira
E a paleontologia dos Carvalhos!

Quando pararem todos os relógios
De minha vida, e a voz dos necrológios
Gritar nos noticiários que eu morri,

Voltando à pátria da homogeneidade,
Abraçada com a própria Eternidade
A minha sombra há de ficar aqui!

AS CISMAS DO DESTINO

I

Recife. Ponte Buarque de Macedo.
Eu, indo em direção à casa do Agra,
Assombrado com a minha sombra magra,
Pensava no Destino, e tinha medo!

Na austera abóbada alta o fósforo alvo
Das estrelas luzia... O calçamento
Sáxeo, de asfalto rijo, atro e vidrento,
Copiava a polidez de um crânio calvo.

Lembro-me bem. A ponte era comprida,
E a minha sombra enorme enchia a ponte,
Como uma pele de rinoceronte
Estendida por toda a minha vida!

A noite fecundava o ovo dos vícios
Animais. Do carvão da treva imensa
Caía um ar danado de doença
Sobre a cara geral dos edifícios!

Tal uma horda feroz de cães famintos,
Atravessando uma estação deserta,
Uivava dentro do *eu*, com a boca aberta,
A matilha espantada dos instintos!

Era como se, na alma da cidade,
Profundamente lúbrica e revolta,
Mostrando as carnes, uma besta solta
Soltasse o berro da animalidade.

E aprofundando o raciocínio obscuro,
Eu vi, então, à luz de áureos reflexos, —
O trabalho genésico dos sexos,
Fazendo à noite os homens do Futuro.

Livres de microscópios e escalpelos,
Dançavam, parodiando saraus cínicos,
Bilhões de *centrossomas* apolínicos
Na câmara promíscua do *vitellus*.

Mas, a irritar-me os globos oculares,
Apregoando e alardeando a cor nojenta,
Fetos magros, ainda na placenta,
Estendiam-me as mãos rudimentares!

Mostravam-me o apriorismo incognoscível
Dessa fatalidade igualitária,
Que fez minha família originária
Do antro daquela fábrica terrível!

A corrente atmosférica mais forte
Zunia. E, na ígnea crosta do Cruzeiro,
Julgava eu ver o fúnebre candeeiro
Que há de me alumiar na hora da morte.

Ninguém compreendia o meu soluço,
Nem mesmo Deus! Da roupa pelas brechas,
O vento bravo me atirava flechas
E aplicações hiemais de gelo russo.

A vingança dos mundos astronômicos
Enviava à terra extraordinária faca,
Posta em rija adesão de goma laca
Sobre os meus elementos anatômicos.

Ah! Com certeza, Deus me castigava!
Por toda a parte, como um réu confesso,
Havia um juiz que lia o meu processo
E uma forca especial que me esperava!

Mas o vento cessara por instantes
Ou, pelo menos, o *ignis sapiens* do Orco
Abafava-me o peito arqueado e porco
Num núcleo de substâncias abrasantes.

É bem possível que eu um dia cegue.
No ardor desta letal tórrida zona,
A cor do sangue é a cor que me impressiona
E a que mais neste mundo me persegue!

Essa obsessão cromática me abate.
Não sei por que me vêm sempre à lembrança
O estômago esfaqueado de uma criança
E um pedaço de víscera escarlate.

Quisera qualquer coisa provisória
Que a minha cerebral caverna entrasse,
E até ao fim, cortasse e recortasse
A faculdade aziaga da memória.

Na ascensão barométrica da calma,
Eu bem sabia, ansiado e contrafeito,
Que uma população doente do peito
Tossia sem remédio na minh'alma!

E o cuspo que essa hereditária tosse
Golfava, à guisa de ácido resíduo,
Não era o cuspo só de um indivíduo
Minado pela tísica precoce.

Não! Não era o meu cuspo, com certeza
Era a expectoração pútrida e crassa
Dos brônquios pulmonares de uma raça
Que violou as leis da Natureza!

Era antes uma tosse úbiqua, estranha,
Igual ao ruído de um calhau redondo
Arremessado no apogeu do estrondo,
Pelos fundibulários da montanha!

E a saliva daqueles infelizes
Inchava, em minha boca, de tal arte,
Que eu, para não cuspir por toda a parte,
Ia engolindo, aos poucos, a hemoptísis!

Na alta alucinação de minhas cismas
O microcosmos líquido da gota
Tinha a abundância de uma artéria rota,
Arrebentada pelos aneurismas.

Chegou-me o estado máximo da mágoa!
Duas, três, quatro, cinco, seis e sete
Vezes que eu me furei com um canivete,
A hemoglobina vinha cheia de água!

Cuspo, cujas caudais meus beiços regam,
Sob a forma de mínimas camândulas,
Benditas sejam todas essas glândulas,
Que, quotidianamente, te segregam!

Escarrar de um abismo noutro abismo,
Mandando ao Céu o fumo de um cigarro,
Há mais filosofia neste escarro
Do que em toda a moral do cristianismo!

Porque, se no orbe oval que os meus pés tocam
Eu não deixasse o meu cuspo carrasco,
Jamais exprimiria o acérrimo asco
Que os canalhas do mundo me provocam!

II

Foi no horror dessa noite tão funérea
Que eu descobri, maior talvez que Vinci,
Com a força visualística do lince,
A falta de unidade na matéria!

Os esqueletos desarticulados,
Livres do acre fedor das carnes mortas,
Rodopiavam, com as brancas tíbias tortas,
Numa dança de números quebrados!

Todas as divindades malfazejas,
Siva e Arimã, os duendes, o In e os trasgos,
Imitando o barulho dos engasgos,
Davam pancadas no adro das igrejas.

Nessa hora de monólogos sublimes,
A companhia dos ladrões da noite,
Buscando uma taverna que os acoite,
Vai pela escuridão pensando crimes.

Perpetravam-se os atos mais funestos,
E o luar, da cor de um doente de icterícia,
Iluminava, a rir, sem pudicícia,
A camisa vermelha dos incestos.

Ninguém, de certo, estava ali, a espiar-me,
Mas um lampião, lembrava ante o meu rosto,
Um sugestionador olho, ali posto
De propósito, para hipnotizar-me!

Em tudo, então, meus olhos distinguiram
Da miniatura singular de uma aspa,
À anatomia mínima da caspa,
Embriões de mundos que não progrediram!

Pois quem não vê aí, em qualquer rua,
Com a fina nitidez de um claro jorro,
Na paciência budista do cachorro
A alma embrionária que não continua?!

Ser cachorro! Ganir incompreendidos
Verbos! Querer dizer-nos que não finge,
E a palavra embrulhar-se na laringe,
Escapando-se apenas em latidos!

Despir a putrescível forma tosca,
Na atra dissolução que tudo inverte,
Deixar cair sobre a barriga inerte
O apetite necrófago da mosca!

A alma dos animais! Pego-a, distingo-a,
Acho-a nesse interior duelo secreto
Entre a ânsia de um vocábulo completo
E uma expressão que não chegou à língua!

Surpreendo-a em quatrilhões de corpos vivos,
Nos antiperistálticos abalos
Que produzem nos bois e nos cavalos
A contração dos gritos instintivos!

Tempo viria, em que, daquele horrendo
Caos de corpos orgânicos disformes
Rebentariam cérebros enormes
Como bolhas febris de água, fervendo!

Nessa época que os sábios não ensinam,
A pedra dura, os montes argilosos
Criariam feixes de cordões nervosos
E o neuroplasma dos que raciocinam!

Almas pigmeias! Deus subjuga-as, cinge-as
À imperfeição! Mas vem o Tempo, e vence-O,
E o meu sonho crescia no silêncio,
Maior que as epopeias carolíngias!

Era a revolta trágica dos tipos
Ontogênicos mais elementares,
Desde os foraminíferos dos mares
À grei liliputiana dos pólipos.

Todos os personagens da tragédia,
Cansados de viver na paz de Buda,
Pareciam pedir com a boca muda
A ganglionária célula intermédia.

A planta que a canícula ígnea torra,
E as coisas inorgânicas mais nulas
Apregoavam encéfalos, medulas
Na alegria guerreira da desforra!

Os protistas e o obscuro acervo rijo
Dos espongiários e dos infusórios
Recebiam com os seus órgãos sensórios
O triunfo emocional do regozijo!

E apesar de já ser assim tão tarde,
Aquela humanidade parasita,
Como um bicho inferior, berrava, aflita,
No meu temperamento de covarde!

Mas, refletindo, a sós, sobre o meu caso
Vi que, igual a um amniota subterrâneo,
Jazia atravessada no meu crânio
A intercessão fatídica do atraso!

A hipótese genial do *microzima*
Me estrangulava o pensamento guapo,
E eu me encolhia todo como um sapo
Que tem um peso incômodo por cima!

Nas agonias do *delirium tremens*,
Os bêbedos alvares que me olhavam,
Com os copos cheios esterilizavam
A substância prolífica dos sêmens!

Enterravam as mãos dentro das goelas,
E sacudidos de um tremor indômito
Expeliam, na dor forte do vômito,
Um conjunto de gosmas amarelas.

Iam depois dormir nos lupanares
Onde, na glória da concupiscência,
Depositavam quase sem consciência
As derradeiras forças musculares.

Fabricavam destarte os blastodermas,
Em cujo repugnante receptáculo
Minha perscrutação via o espetáculo
De uma progênie idiota de palermas.

Prostituição ou outro qualquer nome,
Por tua causa, embora o homem te aceite,
É que as mulheres ruins ficam sem leite
E os meninos sem pai morrem de fome!

Por que há de haver aqui tantos enterros?
Lá no "Engenho" também, a morte é ingrata...
Há o malvado carbúnculo que mata
A sociedade infante dos bezerros!

Quantas moças que o túmulo reclama!
E após a podridão de tantas moças,
Os porcos espojando-se nas poças
Da virgindade reduzida à lama!

Morte, ponto final da última cena,
Forma difusa da matéria imbele,
Minha filosofia te repele,
Meu raciocínio enorme te condena!

Diante de ti, nas catedrais mais ricas,
Rolam sem eficácia os amuletos,
Oh! Senhora dos nossos esqueletos
E das caveiras diárias que fabricas!

E eu desejava ter, numa ânsia rara,
Ao pensar nas pessoas que perdera,
A inconsciência das máscaras de cera
Que a gente prega, com um cordão, na cara!

Era um sonho ladrão de submergir-me
Na vida universal, e, em tudo imerso,
Fazer da parte abstrata do Universo,
Minha morada equilibrada e firme!

Nisto, pior que o remorso do assassino,
Reboou, tal qual, num fundo de caverna,
Numa impressionadora voz interna,
O eco particular do meu Destino:

III

"Homem! por mais que a Ideia desintegres,
Nessas perquisições que não têm pausa,
Jamais, magro homem, saberás a causa
De todos os fenômenos alegres!

Em vão, com a bronca enxada árdega, sondas
A estéril terra, e a hialina lâmpada oca,
Trazes, por perscrutar (oh! ciência louca!)
O conteúdo das lágrimas hediondas.

Negro e sem fim é esse em que te mergulhas
Lugar do Cosmos, onde a dor infrene
É feita como é feito o querosene
Nos recôncavos úmidos das hulhas!

Porque, para que a Dor perscrutes, fora
Mister que, não como és, em síntese, antes
Fosses, a refletir teus semelhantes,
A própria humanidade sofredora!

A universal complexidade é que Ela
Compreende. E se, por vezes, se divide,
Mesmo ainda assim, seu todo não reside
No quociente isolado da parcela!

Ah! Como o ar imortal a Dor não finda!
Das papilas nervosas que há nos tatos
Veio e vai desde os tempos mais transatos
Para outros tempos que hão de vir ainda!

Como o machucamento das insônias
Te estraga, quando toda a estuada Ideia
Dás ao sôfrego estudo da ninfeia
E de outras plantas dicotiledôneas!

A diáfana água alvíssima e a hórrida áscua
Que da ígnea flama bruta, estriada, espirra;
A formação molecular da mirra,
O cordeiro simbólico da Páscoa;

As rebeladas cóleras que rugem
No homem civilizado, e a ele se prendem
Como às pulseiras que os mascates vendem
A aderência teimosa da ferrugem;

O orbe feraz que bastos tojos acres
Produz; a rebelião que, na batalha,
Deixa os homens deitados, sem mortalha,
Na sangueira concreta dos massacres;

Os sanguinolentíssimos chicotes
Da hemorragia; as nódoas mais espessas,
O achatamento ignóbil das cabeças,
Que ainda degrada os povos hotentotes;

O Amor e a Fome, a fera ultriz que o fojo
Entra, à espera que a mansa vítima o entre,
— Tudo que gera no materno ventre
A causa fisiológica do nojo;

As pálpebras inchadas na vigília,
As aves moças que perderam a asa,
O fogão apagado de uma casa,
Onde morreu o chefe da família;

O trem particular que um corpo arrasta
Sinistramente pela via férrea,
A cristalização da massa térrea,
O tecido da roupa que se gasta;

A água arbitrária que hiulcos caules grossos
Carrega e come; as negras formas feias
Dos aracnídeos e das centopeias,
O fogo-fátuo que ilumina os ossos;

As projeções flamívomas que ofuscam,
Como uma pincelada rembrandtesca,
A sensação que uma coalhada fresca
Transmite às mãos nervosas dos que a buscam;

O antagonismo de Tifon e Osíris,
O homem grande oprimindo o homem pequeno
A lua falsa de um parasseleno.
A mentira meteórica do arco-íris;

Os terremotos que, abalando os solos,
Lembram paióis de pólvora explodindo,
A rotação dos fluidos produzindo
A depressão geológica dos polos;

O instinto de procriar, a ânsia legítima
Da alma, afrontando ovante aziagos riscos,
O juramento dos guerreiros priscos
Metendo as mãos nas glândulas da vítima;

As diferenciações que o psicoplasma
Humano sofre na mania mística,
A pesada opressão característica
Dos 10 minutos de um acesso de asma;

E, (conquanto contra isto ódios regougues)
A utilidade fúnebre da corda
Que arrasta a rês, depois que a rês engorda,
À morte desgraçada dos açougues...

Tudo isso que o terráqueo abismo encerra
Forma a complicação desse barulho
Travado entre o dragão do humano orgulho
E as forças inorgânicas da terra!

Por descobrir tudo isso, embalde cansas!
Ignoto é o gérmen dessa força ativa
Que engendra, em cada célula passiva,
A heterogeneidade das mudanças!

Poeta, feto malsão, criado com os sucos
De um leite mau, carnívoro asqueroso,
Gerado no atavismo monstruoso
Da alma desordenada dos malucos;

Última das criaturas inferiores
Governada por átomos mesquinhos,
Teu pé mata a uberdade dos caminhos
E esteriliza os ventres geradores!

O áspero mal que a tudo, em torno, trazes,
Análogo é ao que, negro e a seu turno,
Traz o ávido filóstomo noturno
Ao sangue dos mamíferos vorazes!

Ah! Por mais que, com o espírito, trabalhes
A perfeição dos seres existentes,
Hás de mostrar a cárie dos teus dentes
Na anatomia horrenda dos detalhes!

O Espaço — esta abstração spenceriana
Que abrange as relações de coexistência
E só! Não tem nenhuma dependência
Com as vértebras mortais da espécie humana!

As radiantes elipses que as estrelas
Traçam, e ao espectador falsas se antolham
São verdades de luz que os homens olham
Sem poder, no entretanto, compreendê-las.

Em vão, com a mão corrupta, outro éter pedes
Que essa mão, de esqueléticas falanges,
Dentro dessa água que com a vista abranges,
Também prova o princípio de Arquimedes!

A fadiga feroz que te esbordoa
Há de deixar-te essa medonha marca,
Que, nos corpos inchados de anasarca,
Deixam os dedos de qualquer pessoa!

Nem terás no trabalho que tiveste
A misericordiosa toalha amiga,
Que afaga os homens doentes de bexiga
E enxuga, à noite, as pústulas da peste!

Quando chegar depois a hora tranquila,
Tu serás arrastado, na carreira,
Como um cepo inconsciente de madeira
Na evolução orgânica da argila!

Um dia comparado com um milênio
Seja, pois, o teu último Evangelho...
É a evolução do novo para o velho
E do homogêneo para o heterogêneo!

Adeus! Fica-te aí, com o abdômen largo
A apodrecer!... És poeira, e embalde vibras!
O corvo que comer as tuas fibras
Há de achar nelas um sabor amargo!"

IV

Calou-se a voz. A noite era funesta.
E os queixos, a exibir trismos danados,
Eu puxava os cabelos desgrenhados
Como o rei Lear, no meio da floresta!

Maldizia, com apóstrofes veementes,
No estentor de mil línguas insurretas,
O convencionalismo das Pandetas
E os textos maus dos códigos recentes!

Minha imaginação atormentada
Paria absurdos... Como diabos juntos,
Perseguiam-me os olhos dos defuntos
Com a carne da esclerótica esverdeada.

Secara a clorofila das lavouras.
Igual aos sustenidos de uma endecha
Vinha-me às cordas glóticas a queixa
Das coletividades sofredoras.

O mundo resignava-se invertido
Nas forças principais do seu trabalho...
A gravidade era um princípio falho,
A análise espectral tinha mentido!

O Estado, a Associação, os Municípios
Eram mortos. De todo aquele mundo
Restava um mecanismo moribundo
E uma teleologia sem princípios.

Eu queria correr, ir para o inferno,
Para que, da psiquê no oculto jogo,
Morressem sufocadas pelo fogo
Todas as impressões do mundo externo!

Mas a Terra negava-me o equilíbrio...
Na Natureza, uma mulher de luto
Cantava, espiando as árvores sem fruto,
A canção prostituta do ludíbrio!

BUDISMO MODERNO

Tome, Dr., esta tesoura, e... corte
Minha singularíssima pessoa.
Que importa a mim que a bicharia roa
Todo o meu coração, depois da morte?!

Ah! Um urubu pousou na minha sorte!
Também, das diatomáceas da lagoa
A criptógama cápsula se esbroa
Ao contato de bronca destra forte!

Dissolva-se, portanto, minha vida
Igualmente a uma célula caída
Na aberração de um óvulo infecundo;

Mas o agregado abstrato das saudades
Fique batendo nas perpétuas grades
Do último verso que eu fizer no mundo!

SONHO DE UM MONISTA

Eu e o esqueleto esquálido de Ésquilo
Viajávamos, com uma ânsia sibarita,
Por toda a pró-dinâmica infinita,
Na inconsciência de um zoófito tranquilo.

A verdade espantosa do *Protilo*
Me aterrava, mas dentro da alma aflita
Via Deus — essa mônada esquisita —
Coordenando e animando tudo aquilo!

E eu bendizia, com o esqueleto ao lado,
Na guturalidade do meu brado,
Alheio ao velho cálculo dos dias,

Como um pagão no altar de Proserpina,
A energia intracósmica divina
Que é o pai e é a mãe das outras energias!

SOLITÁRIO

Como um fantasma que se refugia
Na solidão da natureza morta,
Por trás dos ermos túmulos, um dia,
Eu fui refugiar-me à tua porta!

Fazia frio e o frio que fazia
Não era esse que a carne nos conforta...
Cortava assim como em carniçaria
O aço das facas incisivas corta!

Mas tu não vieste ver minha Desgraça!
E eu saí, como quem tudo repele,
— Velho caixão a carregar destroços —

Levando apenas na tumbal carcaça
O pergaminho singular da pele
E o chocalho fatídico dos ossos!

MATER ORIGINALIS

Forma vermicular desconhecida
Que estacionaste, mísera e mofina,
Como quase impalpável gelatina,
Nos estados prodrômicos da vida;

O hierofante que leu a minha sina
Ignorante é de que és, talvez, nascida
Dessa homogeneidade indefinida
Que o insigne Herbert Spencer nos ensina.

Nenhuma ignota união ou nenhum nexo
À contingência orgânica do sexo
A tua estacionária alma prendeu...

Ah! De ti foi que, autônoma e sem normas,
Oh! Mãe original das outras formas,
A minha forma lúgubre nasceu!

O LUPANAR

Ah! Por que monstruosíssimo motivo
Prenderam para sempre, nesta rede,
Dentro do ângulo diedro da parede,
A alma do homem polígamo e lascivo?!

Este lugar, moços do mundo, vede:
É o grande bebedouro coletivo,
Onde os bandalhos, como um gado vivo,
Todas as noites, vêm matar a sede!

É o afrodístico leito do hetairismo
A antecâmara lúbrica do abismo,
Em que é mister que o gênero humano entre,

Quando a promiscuidade aterradora
Matar a última força geradora
E comer o último óvulo do ventre!

IDEALISMO

Falas de amor, e eu ouço tudo e calo!
O amor da Humanidade é uma mentira.
É. E é por isto que na minha lira
De amores fúteis poucas vezes falo.

O amor! Quando virei por fim a amá-lo?!
Quando, se o amor que a Humanidade inspira
É o amor do sibarita e da hetaíra,
De Messalina e de Sardanapalo?!

Pois é mister que, para o amor sagrado,
O mundo fique imaterializado
— Alavanca desviada do seu fulcro —

E haja só amizade verdadeira
Duma caveira para outra caveira
Do meu sepulcro para o teu sepulcro?!

ÚLTIMO CREDO

Como ama o homem adúltero o adultério
E o ébrio a garrafa tóxica de rum,
Amo o coveiro — este ladrão comum
Que arrasta a gente para o cemitério!

É o transcendentalíssimo mistério!
É o *nous*, é o *pneuma*, é o *ego sum qui sum*,
É a morte, é esse danado número *Um*
Que matou Cristo e que matou Tibério!

Creio, como o filósofo mais crente,
Na generalidade decrescente
Com que a substância cósmica evolui...

Creio, perante a evolução imensa,
Que o homem universal de amanhã vença
O homem particular eu que ontem fui!

O CAIXÃO FANTÁSTICO

Célere ia o caixão, e, nele, inclusas,
Cinzas, caixas cranianas, cartilagens
Oriundas, como os sonhos dos selvagens,
De aberratórias abstrações abstrusas!

Nesse caixão iam talvez as Musas,
Talvez meu Pai! Hoffmânnicas visagens
Enchiam meu encéfalo de imagens
As mais contraditórias e confusas!

A energia monística do Mundo,
À meia-noite, penetrava fundo
No meu fenomenal cérebro cheio...

Era tarde! Fazia muito frio.
Na rua apenas o caixão sombrio
Ia continuando o seu passeio!

SOLILÓQUIO DE UM VISIONÁRIO

Para desvirginar o labirinto
Do velho e metafísico Mistério,
Comi meus olhos crus no cemitério,
Numa antropofagia de faminto!

A digestão desse manjar funéreo
Tornado sangue transformou-me o instinto
De humanas impressões visuais que eu sinto,
Nas divinas visões do íncola etéreo!

Vestido de hidrogênio incandescente,
Vaguei um século, improficuamente,
Pelas monotonias siderais...

Subi talvez às máximas alturas,
Mas, se hoje volto assim, com a alma às escuras,
É necessário que inda eu suba mais!

A UM CARNEIRO MORTO

Misericordiosíssimo carneiro
Esquartejado, a maldição de Pio
Décimo caia em teu algoz sombrio
E em todo aquele que for seu herdeiro!

Maldito seja o mercador vadio
Que te vender as carnes por dinheiro,
Pois, tua lã aquece o mundo inteiro
E guarda as carnes dos que estão com frio!

Quando a faca rangeu no teu pescoço,
Ao monstro que espremeu teu sangue grosso
Teus olhos — fontes de perdão — perdoaram!

Oh! tu que no Perdão eu simbolizo,
Se fosses Deus, no Dia do Juízo,
Talvez perdoasses os que te mataram!

VOZES DA MORTE

Agora, sim! Vamos morrer, reunidos,
Tamarindo de minha desventura,
Tu, com o envelhecimento da nervura,
Eu, com o envelhecimento dos tecidos!

Ah! Esta noite é a noite dos Vencidos!
E a podridão, meu velho! E essa futura
Ultrafatalidade de ossatura,
A que nos acharemos reduzidos!

Não morrerão, porém, tuas sementes!
E assim, para o Futuro, em diferentes
Florestas, vales, selvas, glebas, trilhos,

Na multiplicidade dos teus ramos,
pelo muito que em vida nos amamos,
Depois da morte, inda teremos filhos!

INSÂNIA DE UM SIMPLES

Em cismas patológicas insanas,
É-me grato adstringir-me, na hierarquia
Das formas vivas, à categoria
Das organizações liliputianas;

Ser semelhante aos zoófitos e às lianas,
Ter o destino de uma larva fria,
Deixar enfim na cloaca mais sombria
Este feixe de células humanas!

E enquanto arremedando Eolo iracundo,
Na orgia heliogabálica do mundo,
Ganem todos os vícios de uma vez,

Apraz-me, adstrito ao triângulo mesquinho
De um delta humilde, apodrecer sozinho
No silêncio de minha pequenez!

OS DOENTES

I

Como uma cascavel que se enroscava
A cidade dos lázaros dormia...
Somente, na metrópole vazia,
Minha cabeça autônoma pensava!

Mordia-me a obsessão má de que havia,
Sob os meus pés, na terra onde eu pisava,
Um fígado doente que sangrava
E uma garganta de órfã que gemia!

Tentava compreender com as conceptivas
Funções do encéfalo as substâncias vivas
Que nem Spencer, nem Haeckel compreenderam...

E via em mim, coberto de desgraças,
O resultado de bilhões de raças
Que há muitos anos desapareceram!

II

Minha angústia feroz não tinha nome.
Ali, na urbe natal do Desconsolo,
Eu tinha de comer o último bolo
Que Deus fazia para a minha fome!

Convulso, o vento entoava um pseudosalmo.
Contrastando, entretanto, com o ar convulso

A noite funcionava como um pulso
Fisiologicamente muito calmo.

Caíam sobre os meus centros nervosos,
Como os pingos ardentes de cem velas,
O uivo desenganado das cadelas
E o gemido dos homens bexigosos.

Pensava! E em que eu pensava, não perguntes!
Mas, em cima de um túmulo, um cachorro
Pedia para mim água e socorro
À comiseração dos transeuntes!

Bruto, de errante rio, alto e hórrido, o urro
Reboava. Além jazia aos pés da serra,
Criando as superstições de minha terra,
A queixada específica de um burro!

Gordo adubo da agreste urtiga brava,
Benigna água, magnânima e magnífica,
Em cuja álgida unção, branda e beatífica,
A Paraíba indígena se lava!

A manga, a ameixa, a amêndoa, a abóbora, o álamo
E a câmara odorífera dos sumos
Absorvem diariamente o ubérrimo húmus
Que Deus espalha à beira do teu tálamo!

Nos de teu curso desobstruídos trilhos,
Apenas eu compreendo, em quaisquer horas,
O hidrogênio e o oxigênio que tu choras
Pelo falecimento dos teus filhos!

Ah! Somente eu compreendo, satisfeito,
A incógnita psiquê das massas mortas
Que dormem, como as ervas, sobre as hortas,
Na esteira igualitária do teu leito!

O vento continuava sem cansaço
E enchia com a fluidez do eólico hissope
Em seu fantasmagórico galope
A abundância geométrica do espaço.

Meu ser estacionava, olhando os campos
Circunjacentes. No Alto, os astros miúdos
Reduziam os Céus sérios e rudos
A uma epiderme cheia de sarampos!

III

Dormia em baixo, com a promíscua véstia
No embotamento crasso dos sentidos,
A comunhão dos homens reunidos
Pela camaradagem da moléstia.

Feriam-me o nervo óptico e a retina
Aponevroses e tendões de Aquiles,
Restos repugnantíssimos de bílis,
Vômitos impregnados de ptialina.

Da degenerescência étnica do Ária
Se escapava, entre estrépitos e estouros,
Reboando pelos séculos vindouros,
O ruído de uma tosse hereditária.

Oh! desespero das pessoas tísicas,
Adivinhando o frio que há nas lousas,
Maior felicidade é a destas cousas
Submetidas apenas às leis físicas!

Estas, por mais que os cardos grandes rocem
Seus corpos brutos, dores não recebem;
Estas dos bacalhaus o óleo não bebem,
Estas não cospem sangue, estas não tossem!

Descender dos macacos catarríneos,
Cair doente e passar a vida inteira
Com a boca junto de uma escarradeira,
Pintando o chão de coágulos sanguíneos!

Sentir, adstritos ao quimiotropismo
Erótico, os micróbios assanhados
Passearem, como inúmeros soldados,
Nas cancerosidades do organismo!

Falar somente uma linguagem rouca,
Um português cansado e incompreensível,
Vomitar o pulmão na noite horrível
Em que se deita sangue pela boca!

Expulsar, aos bocados, a existência
Numa bacia autômata de barro,
Alucinado, vendo em cada escarro
O retrato da própria consciência!

Querer dizer a angústia de que é pábulo,
E com a respiração já muito fraca
Sentir como que a ponta de uma faca,
Cortando as raízes do último vocábulo!

Não haver terapêutica que arranque
Tanta opressão como se, com efeito,
Lhe houvessem sacudido sobre o peito
A máquina pneumática de Bianchi!

E o ar fugindo e a Morte a arca da tumba
A erguer, como um cronômetro gigante,
Marcando a transição emocionante
Do lar materno para a catacumba!

Mas vos não lamenteis, magras mulheres,
Nos ardores danados da febre hética,
Consagrando vossa última fonética
A uma recitação de misereres.

Antes levardes ainda uma quimera
Para a garganta omnívora das lajes
Do que morrerdes, hoje, urrando ultrajes
Contra a dissolução que vos espera!

Porque a morte, resfriando-vos o rosto,
Consoante a minha concepção vesânica,
É a alfândega, onde toda a vida orgânica
Há de pagar um dia o último imposto!

IV

Começara a chover. Pelas algentes
Ruas, a água, em cachoeiras desobstruídas,
Encharcava os buracos das feridas,
Alagava a medula dos Doentes!

Do fundo do meu trágico destino,
Onde a Resignação os braços cruza,
Saía, com o vexame de uma fusa,
A mágoa gaguejada de um cretino.

Aquele ruído obscuro de gagueira
Que à noite, em sonhos mórbidos, me acorda,
Vinha da vibração bruta da corda
Mais recôndita da alma brasileira!

Aturdia-me a tétrica miragem
De que, naquele instante, no Amazonas,
Fedia, entregue a vísceras glutonas,
A carcaça esquecida de um selvagem.

A civilização entrou na taba
Em que ele estava. O gênio de Colombo
Manchou de opróbrios a alma do *mazombo*,
Cuspiu na cova do *morubixaba*!

E o índio, por fim, adstrito à étnica escória,
Recebeu, tendo o horror no rosto impresso,
Esse achincalhamento do progresso
Que o anulava na crítica da História!

Como quem analisa um apostema,
De repente, acordando na desgraça,
Viu toda a podridão de sua raça...
    Na tumba de Iracema!...

Ah! Tudo, como um lúgubre ciclone,
Exercia sobre ele ação funesta
Desde o desbravamento da floresta
À ultrajante invenção do telefone.

E sentia-se pior que um vagabundo
Microcéfalo vil que a espécie encerra
Desterrado na sua própria terra,
Diminuído na crônica do mundo!

A hereditariedade dessa pecha
Seguiria seus filhos. Dora em diante
Seu povo tombaria agonizante
Na luta da espingarda com a flecha!

Veio-lhe então como à fêmea vêm antojos.
Uma desesperada ânsia improfícua
De estrangular aquela gente iníqua
Que progredia sobre os seus despojos!

Mas, diante a xantocroide raça loura,
Jazem, caladas, todas as inúbias,
E agora, sem difíceis nuanças dúbias,
Com uma clarividência alteradora,

Em vez da prisca tribo e indiana tropa
A gente deste século, espantada,
Vê somente a caveira abandonada
De uma raça esmagada pela Europa!

V

Era a hora em que arrastados pelos ventos,
Os fantasmas hamléticos dispersos
Atiram na consciência dos perversos
A sombra dos remorsos famulentos.

As mães sem coração rogavam pragas
Aos filhos bons. E eu, roído pelos medos,
Batia com o pentágono dos dedos
Sobre um fundo hipotético de chagas!

Diabólica dinâmica daninha
Oprimia meu cérebro indefeso
Com a força onerosíssima de um peso
Que eu não sabia mesmo de onde vinha.

Perfurava-me o peito a áspera pua
Do desânimo negro que me prostra,
E quase a todos os momentos mostra
Minha caveira aos bêbedos da rua.

Hereditariedades politípicas
Punham na minha boca putrescível
Interjeições de abracadabra horrível
E os verbos indignados das Filípicas.

Todos os vocativos dos blasfemos,
No horror daquela noite monstruosa,
Maldiziam, com voz estentorosa,
A peçonha inicial de onde nascemos.

Como que havia na ânsia de conforto
De cada ser, ex.: o homem e o ofídio,
Uma necessidade de suicídio
E um desejo incoercível de ser morto!

Naquela angústia absurda e tragicômica
Eu chorava, rolando sobre o lixo,
Com a contorção neurótica de um bicho
Que ingeriu 30 gramas de noz-vômica.

E, como um homem doido que se enforca,
Tentava, na terráquea superfície,
Consubstanciar-me todo com a imundície,
Confundir-me com aquela coisa porca!

Vinha, às vezes, porém, o anelo instável
De, com o auxílio especial do osso masséter
Mastigando homeomérias neutras de éter
Nutrir-me da matéria imponderável.

Anelava ficar um dia, em suma,
Menor que o anfióxus e inferior à tênia,
Reduzido à plastídula homogênea,
Sem diferenciação de espécie alguma.

Era (nem sei em síntese o que diga)
Um velhíssimo instinto atávico, era
A saudade inconsciente da monera
Que havia sido minha mãe antiga!

Com o horror tradicional da raiva corsa
Minha vontade era, perante a cova,
Arrancar do meu próprio corpo a prova
Da persistência trágica da força.

A pragmática má de humanos usos
Não compreende que a Morte que não dorme
É a absorção do movimento enorme
Na dispersão dos átomos difusos.

Não me incomoda esse último abandono.
Se a carne individual hoje apodrece,
Amanhã, como Cristo, reaparece
Na universalidade do carbono!

A vida vem do éter que se condensa,
Mas o que mais no Cosmos me entusiasma
É a esfera microscópica do plasma
Fazer a luz do cérebro que pensa.

Eu voltarei, cansado da árdua liça,
À substância inorgânica primeva,
De onde, por epigênese, veio Eva
E a *stirpe radiolar* chamada *Actissa*!

Quando eu for misturar-me com as violetas,
Minha lira, maior que a *Bíblia* e a *Fedra*,
Reviverá, dando emoção à pedra,
Na acústica de todos os planetas!

VI

À álgida agulha, agora, alva, a saraiva
Caindo, análoga era... Um cão agora
Punha a atra língua hidrófoba de fora
Em contrações miológicas de raiva.

Mas, para além, entre oscilantes chamas,
Acordavam os bairros da luxúria...
As prostitutas, doentes de hematúria,
    Se extenuavam nas camas.

Uma, ignóbil, derreada de cansaço,
Quase que escangalhada pelo vício,
Cheirava com prazer no sacrifício
A lepra má que lhe roía o braço!

E ensanguentava os dedos da mão nívea
Com o sentimento gasto e a emoção pobre,
Nessa alegria bárbara que cobre
Os saracoteamentos da lascívia...

De certo, a perversão de que era presa
O *sensorium* daquela prostituta
Vinha da adaptação quase absoluta
À ambiência microbiana da baixeza!

Entanto, virgem fostes, e, quando o éreis;
Não tínheis ainda essa erupção cutânea,
Nem tínheis, vítima última da insânia,
Duas mamárias glândulas estéreis!

Ah! Certamente, não havia ainda
Rompido, com violência, no horizonte,
O sol malvado que secou a fonte
De vossa castidade agora finda!

Talvez tivésseis fome, e as mãos, embalde,
Estendestes ao mundo, até que, à toa,
Fostes vender a virginal coroa
Ao primeiro bandido do arrabalde.

E estais velha! — De vós o mundo é farto,
E hoje, que a sociedade vos enxota,
Somente as *bruxas* negras da derrota
Frequentam diariamente vosso quarto!

Prometem-vos (quem sabe?!) entre os ciprestes
Longe da mancebia dos alcouces,
Nas quietudes nirvânicas mais doces,
O noivado que em vida não tivestes!

VII

Quase todos os lutos conjugados,
Como uma associação de monopólio,
Lançavam pinceladas pretas de óleo
Na arquitetura arcaica dos sobrados.

Dentro da noite funda um braço humano
Parecia cavar ao longe um poço
Para enterrar minha ilusão de moço,
Como a boca de um poço artesiano!

Atabalhoadamente pelos becos,
Eu pensava nas coisas que perecem,
Desde as musculaturas que apodrecem
À ruína vegetal dos lírios secos.

Cismava no propósito funéreo
Da mosca debochada que fareja
O defunto, no chão frio da igreja,
E vai depois levá-lo ao cemitério!

E esfregando as mãos magras, eu, inquieto,
Sentia, na craniana caixa tosca,
A racionalidade dessa mosca,
A consciência terrível desse inseto!

Regougando, porém, *argots* e aljâmias,
Como quem nada encontra que o perturbe,
A energúmena grei dos ébrios da urbe
Festejava seu sábado de infâmias.

A estática fatal das paixões cegas,
Rugindo fundamente nos neurônios,
Puxava aquele povo de demônios
Para a promiscuidade das adegas.

E a ébria turba que escaras sujas masca,
À falta idiossincrásica de escrúpulo,
Absorvia com gáudio absinto, lúpulo
E outras substâncias tóxicas da tasca.

O ar ambiente cheirava a ácido acético,
Mas, de repente, com o ar de quem empesta,
Apareceu, escorraçando a festa,
A mandíbula inchada de um morfético!

Saliências polimórficas vermelhas,
Em cujo aspecto o olhar perspícuo prendo,
Punham-lhe num destaque horrendo o horrendo
Tamanho aberratório das orelhas.

O fácies do morfético assombrava!
— Aquilo era uma negra eucaristia,
Onde minh'alma inteira surpreendia
A Humanidade que se lamentava!

Era todo o meu sonho, assim, inchado,
Já podre, que a morfeia miserável
Tornava às impressões táteis, palpável,
Como se fosse um corpo organizado!

VIII

Em torno a mim, nesta hora, estriges voam,
E o cemitério, em que eu entrei adrede,
Dá-me a impressão de um *boulevard* que fede
Pela degradação dos que o povoam.

Quanta gente, roubada à humana coorte
Morre de fome, sobre a palha espessa,
Sem ter, como Ugolino, uma cabeça
Que possa mastigar na hora da morte;

E nua, após baixar ao caos budista,
Vem para aqui, nos braços de um canalha,
Porque o madapolão para a mortalha
Custa 1$200 ao lojista!

Que resta das cabeças que pensaram?!
E afundado nos sonhos mais nefastos,
Ao pegar num milhão de miolos gastos,
Todos os meus cabelos se arrepiaram.

Os evolucionismos benfeitores
Que por entre os cadáveres caminham,
Iguais a irmãs de caridade, vinham
Com a podridão dar de comer às flores!

Os defuntos então me ofereciam
Com as articulações das mãos inermes,
Num prato de hospital, cheio de vermes,
Todos os animais que apodreciam!

É possível que o estômago se afoite
(Muito embora contra isto a alma se irrite)
A cevar o antropófago apetite,
Comendo carne humana, à meia-noite!

Com uma ilimitadíssima tristeza,
Na impaciência do estômago vazio,
Eu devorava aquele bolo frio
Feito das podridões da Natureza!

E hirto, a camisa suada, a alma aos arrancos,
Vendo passar com as túnicas obscuras,
As escaveiradíssimas figuras
Das negras desonradas pelos brancos;

Pisando, como quem salta, entre fardos,
Nos corpos nus das moças hotentotes
Entregues, ao clarão de alguns archotes,
À sodomia indigna dos moscardos;

Eu maldizia o deus de mãos nefandas
Que, transgredindo a igualitária regra
Da Natureza, atira a raça negra
Ao contubérnio diário das quitandas!

Na evolução de minha dor grotesca,
Eu mendigava aos vermes insubmissos
Como indenização dos meus serviços
O benefício de uma cova fresca.

Manhã. E eis-me a absorver a luz de fora,
Como o íncola do polo ártico, às vezes,
Absorve, após a noite de seis meses,
Os raios caloríficos da aurora.

Nunca mais as goteiras cairiam
Como propositais setas malvadas,
No frio matador das madrugadas,
Por sobre o coração dos que sofriam!

Do meu cérebro à absconsa tábua rasa
Vinha a luz restituir o antigo crédito,
Proporcionando-me o prazer inédito,
De quem possui um sol dentro de casa.

Era a volúpia fúnebre que os ossos
Me inspiravam, trazendo-me ao sol claro,
À apreensão fisiológica do faro
O odor cadaveroso dos destroços!

IX

O inventário do que eu já tinha sido
Espantava. Restavam só de Augusto
A forma de um mamífero vetusto
E a cerebralidade de um vencido!

O gênio procriador da espécie eterna
Que me fizera, em vez de hiena ou lagarta,
Uma sobrevivência de Sidarta,
Dentro da filogênese moderna;

E arrancara milhares de existências
Do ovário ignóbil de uma fauna imunda,
Ia arrastando agora a alma infecunda
Na mais triste de todas as falências.

No céu calamitoso de vingança
Desagregava, déspota e sem normas,
O adesionismo biôntico das formas
Multiplicadas pela lei da herança!

A ruína vinha horrenda e deletéria
Do subsolo infeliz, vinha de dentro
Da matéria em fusão que ainda há no centro,
Para alcançar depois a periferia!

Contra a Arte, oh! Morte, em vão teu ódio exerces!
Mas, a meu ver, os sáxeos prédios tortos
Tinham aspectos de edifícios mortos
Decompondo-se desde os alicerces!

A doença era geral, tudo a extenuar-se
Estava. O Espaço abstrato que não morre
Cansara... O ar que, em colônias fluidas, corre,
Parecia também desagregar-se!

Os pródromos de um tétano medonho
Repuxavam-me o rosto... Hirto de espanto,
Eu sentia nascer-me n'alma, entanto,
O começo magnífico de um sonho!

Entre as formas decrépitas do povo,
Já batiam por cima dos estragos
A sensação e os movimentos vagos
Da célula inicial de um Cosmos novo!

O letargo larvário da cidade
Crescia. Igual a um parto, numa furna,
Vinha da original treva noturna,
O vagido de uma outra Humanidade!

E eu, com os pés atolados no Nirvana,
Acompanhava, com um prazer secreto,
A gestação daquele grande feto,
Que vinha substituir a Espécie Humana!

UMA NOITE NO CAIRO

Noite no Egito. O céu claro e profundo
Fulgura. A rua é triste. A Lua Cheia
Está sinistra, e sobre a paz do mundo
A alma dos Faraós anda e vagueia.

Os mastins negros vão ladrando à lua...
O Cairo é de uma formosura arcaica.
No ângulo mais recôndito da rua
Passa cantando uma mulher hebraica.

O Egito é sempre assim quando anoitece!
Às vezes, das pirâmides o quedo
E atro perfil, exposto ao luar, parece
Uma sombria interjeição de medo!

Como um contraste àqueles misereres,
Num quiosque em festa alegre turba grita,
E dentro dançam homens e mulheres
Numa aglomeração cosmopolita.

Tonto do vinho, um saltimbanco da Ásia,
Convulso e roto, no apogeu da fúria,
Executando evoluções de *razzia*
Solta um brado epilético de injúria!

Em derredor duma ampla mesa preta
— Última nota do conúbio infando —
Veem-se dez jogadores de roleta
Fumando, discutindo, conversando.

Resplandece a celeste superfície.
Dorme soturna a natureza sábia...
Em baixo, na mais próxima planície,
Pasta um cavalo esplêndido da Arábia.

Vaga no espaço um silfo solitário.
Troam *kinnors*! Depois tudo é tranquilo...
Apenas como um velho stradivário,
Soluça toda a noite a água do Nilo!

O MARTÍRIO DO ARTISTA

Arte ingrata! E conquanto, em desalento,
A órbita elipsoidal dos olhos lhe arda,
Busca exteriorizar o pensamento
Que em suas fronetais células guarda!

Tarda-lhe a Ideia! A inspiração lhe tarda!
E ei-lo a tremer, rasga o papel, violento,
Como o soldado que rasgou a farda
No desespero do último momento!

Tenta chorar e os olhos sente enxutos!...
É como o paralítico que, à míngua
Da própria voz e na que ardente o lavra

Febre de em vão falar, com os dedos brutos
Para falar, puxa e repuxa a língua,
E não lhe vem à boca uma palavra!

DUAS ESTROFES

(À memória de João de Deus)

Ahi! ciechi! il tanto affaticar che giova?
Tutti torniamo alla gran madre antica
E il nostro nome appena si ritrova.

Petrarca

A queda do teu lírico arrabil
De um sentimento português ignoto
Lembra Lisboa, bela como um brinco,
Que um dia no ano trágico de mil
E setecentos e cinquenta e cinco,
Foi abalada por um terremoto!

A água quieta do Tejo te abençoa.
Tu representas toda essa Lisboa
De glórias quase sobrenaturais,
Apenas com uma diferença triste,
Com a diferença que Lisboa existe
E tu, amigo, não existes mais!

O MAR, A ESCADA E O HOMEM

"Olha agora, mamífero inferior,
"À luz da epicurista *ataraxia*,
"O fracasso de tua geografia
"E de teu escafandro esmiuçador!

"Ah! jamais saberás ser superior,
"Homem, a mim, conquanto ainda hoje em dia,
"Com a ampla hélice auxiliar com que outrora ia
"Voando ao vento o vastíssimo vapor,

"Rasgue a água hórrida a nau árdega e singre-me!"
E a verticalidade da Escada íngreme:
"Homem, já transpuseste os meus degraus?!"

E Augusto, o Hércules, o Homem, aos soluços,
Ouvindo a Escada e o Mar, caiu de bruços
No pandemônio aterrador do Caos!

DECADÊNCIA

Iguais às linhas perpendiculares
Caíram, como cruéis e hórridas hastas,
Nas suas 33 vértebras gastas
Quase todas as pedras tumulares!

A frialdade dos círculos polares,
Em sucessivas atuações nefastas,
Penetrara-lhe os próprios neuroplastas,
Estragara-lhe os centros medulares!

Como quem quebra o objeto mais querido
E começa a apanhar piedosamente
Todas as microscópicas partículas,

Ele hoje vê que, após tudo perdido,
Só lhe restam agora o último dente
E a armação funerária das clavículas!

RICORDANZA DELLA MIA GIOVENTÚ

A minha ama de leite Guilhermina
Furtava as moedas que o Doutor me dava.
Sinhá-Mocinha, minha Mãe, ralhava...
Via naquilo a minha própria ruína!

Minha ama, então, hipócrita, afetava
Susceptibilidades de menina:
"— Não, não fora ela! —" E maldizia a sina,
Que ela absolutamente não furtava.

Vejo, entretanto, agora, em minha cama,
Que a mim somente cabe o furto feito...
Tu só furtaste a moeda, o ouro que brilha...

Furtaste a moeda só, mas eu, minha ama,
Eu furtei mais, porque furtei o peito
Que dava leite para a tua filha!

A UM MASCARADO

Rasga essa máscara ótima de seda
E atira-a à arca ancestral dos palimpsestos...
É noite, e, à noite, a escândalos e incestos
É natural que o instinto humano aceda!

Sem que te arranquem da garganta queda
A interjeição danada dos protestos,
Hás de engolir, igual a um porco, os restos
Duma comida horrivelmente azeda!

A sucessão de hebdômadas medonhas
Reduzirá os mundos que tu sonhas
Ao microcosmos do ovo primitivo...

E tu mesmo, após a árdua e atra refrega,
Terás somente uma vontade cega
E uma tendência obscura de ser vivo!

VOZES DE UM TÚMULO

Morri! E a Terra — a mãe comum — o brilho
Destes meus olhos apagou!... Assim
Tântalo, aos reais convivas, num festim,
Serviu as carnes do seu próprio filho!

Por que para este cemitério vim?!
Por quê?! Antes da vida o angusto trilho
Palmilhasse, do que este que palmilho
E que me assombra, porque não tem fim!

No ardor do sonho que o fronema exalta
Construí de orgulho ênea pirâmide alta...
Hoje, porém, que se desmoronou

A pirâmide real do meu orgulho,
Hoje que apenas sou matéria e entulho
Tenho consciência de que nada sou!

CONTRASTES

A antítese do novo e do obsoleto,
O Amor e a Paz, o Ódio e a Carnificina,
O que o homem ama e o que o homem abomina,
Tudo convém para o homem ser completo!

O ângulo obtuso, pois, e o ângulo reto,
Uma feição humana e outra divina
São como a eximenina e a endimenina
Que servem ambas para o mesmo feto!

Eu sei tudo isto mais do que o Eclesiastes!
Por justaposição destes contrastes,
Junta-se um hemisfério a outro hemisfério,

Às alegrias juntam-se as tristezas,
E o carpinteiro que fabrica as mesas
Faz também os caixões do cemitério!...

GEMIDOS DE ARTE

I

Esta desilusão que me acabrunha
É mais traidora do que o foi Pilatos!...
Por causa disto, eu vivo pelos matos,
Magro, roendo a substância córnea da unha.

Tenho estremecimentos indecisos
E sinto, haurindo o tépido ar sereno,
O mesmo assombro que sentiu Parfeno
Quando arrancou os olhos de Dionisos!

Em giro e em redemoinho em mim caminham
Ríspidas mágoas estranguladoras,
Tais quais, nos fortes fulcros, as tesouras
Brônzeas, também giram e redemoinham.

Os pães — filhos legítimos dos trigos —
Nutrem a geração do Ódio e da Guerra...
Os cachorros anônimos da terra
São talvez os meus únicos amigos!

Ah! Por que desgraçada contingência
À híspida aresta sáxea áspera e abrupta
Da rocha brava, numa ininterrupta
Adesão, não prendi minha existência?!

Por que Jeová, maior do que Laplace,
Não fez cair o túmulo de Plínio
Por sobre todo o meu raciocínio
Para que eu nunca mais raciocinasse?!

Pois minha Mãe tão cheia assim daqueles
Carinhos, com que guarda meus sapatos,
Por que me deu consciência dos meus atos
Para eu me arrepender de todos eles?!

Quisera, antes, mordendo glabros talos,
Nabucodonosor ser no Pau d'Arco,
Beber a acre e estagnada água do charco,
Dormir na manjedoura com os cavalos!

Mas a carne é que é humana! A alma é divina.
Dorme num leito de feridas, goza
O lodo, apalpa a úlcera cancerosa,
Beija a peçonha, e não se contamina!

Ser homem! escapar de ser aborto!
Sair de um ventre inchado que se anoja,
Comprar vestidos pretos numa loja
E andar de luto pelo pai que é morto!

E por trezentos e sessenta dias
Trabalhar e comer! Martírios juntos!
Alimentar-se dos irmãos defuntos,
Chupar os ossos das alimárias!

Barulho de mandíbulas e abdômens!
E vem-me com um desprezo por tudo isto
Uma vontade absurda de ser Cristo
Para sacrificar-me pelos homens!

Soberano desejo! Soberana
Ambição de construir para o homem uma
Região, onde não cuspa língua alguma
O óleo rançoso da saliva humana!

Uma região sem nódoas e sem lixos,
Subtraída à hediondez de ínfimo casco,
Onde a forca feroz coma o carrasco
E o olho do estuprador se encha de bichos!

Outras constelações e outros espaços
Em que, no agudo grau da última crise,
O braço do ladrão se paralise
E a mão da meretriz caia aos pedaços!

II

O sol agora é de um fulgor compacto,
E eu vou andando, cheio de chamusco,
Com a flexibilidade de um molusco,
Úmido, pegajoso e untuoso ao tato!

Reúnam-se em rebelião ardente e acesa
Todas as minhas forças emotivas
E armem ciladas como cobras vivas
Para despedaçar minha tristeza!

O sol de cima espiando a flora moça
Arda, fustigue, queime, corte, morda!...
Deleito a vista na verdura gorda
Que nas hastes delgadas se balouça!

Avisto o vulto das sombrias granjas
Perdidas no alto... Nos terrenos baixos,
Das laranjeiras eu admiro os cachos
E a ampla circunferência das laranjas.

Ladra furiosa a tribo dos podengos.
Olhando para as pútridas charnecas
Grita o exército avulso das marrecas
Na úmida copa dos bambus verdoengos.

Um pássaro alvo artífice da teia
De um ninho, salta, no árdego trabalho,
De árvore em árvore e de galho em galho,
Com a rapidez duma semicolcheia.

Em grandes semicírculos aduncos,
Entrançados, pelo ar, largando pelos,
Voam à semelhança de cabelos
Os chicotes finíssimos dos juncos.

Os ventos vagabundos batem, bolem
Nas árvores. O ar cheira. A terra cheira...
E a alma dos vegetais rebenta inteira
De todos os corpúsculos do pólen.

A câmara nupcial de cada ovário
Se abre. No chão coleia a lagartixa.
Por toda a parte a seiva bruta esguicha
Num extravasamento involuntário.

Eu, depois de morrer, depois de tanta
Tristeza, quero, em vez do nome — *Augusto*,
possuir aí o nome dum arbusto
Qualquer ou de qualquer obscura planta!

III

Pelo acidentadíssimo caminho
Faísca o sol. Nédios, batendo a cauda,
Urram os bois. O céu lembra uma lauda
Do mais incorruptível pergaminho.

Uma atmosfera má de incômoda hulha
Abafa o ambiente. O aziago ar morto a morte
Fede. O ardente calor da areia forte
Racha-me os pés como se fosse agulha.

Não sei que subterrânea e atra voz rouca,
Por saibros e por cem côncavos vales,
Como pela avenida das Mappales,
Me arrasta à casa do finado *Toca*!

Todas as tardes a esta casa venho.
Aqui, outrora, sem conchego nobre,
Viveu, sentiu e amou este homem pobre
Que carregava canas para o engenho!

Nos outros tempos e nas outras eras,
Quantas flores! Agora, em vez de flores,
Os musgos, como exóticos pintores,
Pintam caretas verdes nas taperas.

Na bruta dispersão de vítreos cacos,
À dura luz do sol resplandecente,
Trôpega e antiga, uma parede doente
Mostra a cara medonha dos buracos.

O cupim negro broca o âmago fino
Do teto. E traça trombas de elefantes
Com as circunvoluções extravagantes
Do seu complicadíssimo intestino.

O lodo obscuro trepa-se nas portas.
Amontoadas em grossos feixes rijos,
As lagartixas, dos esconderijos,
Estão olhando aquelas coisas mortas!

Fico a pensar no Espírito disperso
Que, unindo a pedra ao *gneiss* e a árvore à criança,
Como um anel enorme de aliança,
Une todas as coisas do Universo!

E assim pensando, com a cabeça em brasas
Ante a fatalidade que me oprime,
Julgo ver este Espírito sublime,
Chamando-me do sol com as suas asas!

Gosto do sol ignívomo e iracundo
Como o réptil gosta quando se molha
E na atra escuridão dos ares, olha
Melancolicamente para o mundo!

Essa alegria imaterializada,
Que por vezes me absorve, é o óbolo obscuro,
É o pedaço já podre de pão duro
Que o miserável recebeu na estrada!

Não são os cinco mil milhões de francos
Que a Alemanha pediu a Jules Favre...
É o dinheiro coberto de azinhavre
Que o escravo ganha, trabalhando aos brancos!

Seja este sol meu último consolo;
E o espírito infeliz que em mim se encarna
Se alegre ao sol, como quem raspa a sarna,
Só, com a misericórdia de um tijolo!...

Tudo enfim a mesma órbita percorre
E as bocas vão beber o mesmo leite...
A lamparina quando falta o azeite
Morre, da mesma forma que o homem morre.

Súbito, arrebentando a horrenda calma,
Grito, e se grito é para que meu grito
Seja a revelação deste Infinito
Que eu trago encarcerado na minh'alma!

Sol brasileiro! Queima-me os destroços!
Quero assistir, aqui, sem pai que me ame,
De pé, à luz da consciência infame,
À carbonização dos próprios ossos!

[1907]

ASA DE CORVO

Asa de corvos carniceiros, asa
De mau agouro que, nos doze meses,
Cobre às vezes o espaço e cobre às vezes
O telhado de nossa própria casa...

Perseguido por todos os reveses,
É meu destino viver junto a essa asa,
Como a cinza que vive junto à brasa,
Como os Goncourts, como os irmãos siameses!

É com essa asa que eu faço este soneto
E a indústria humana faz o pano preto
Que as famílias de luto martiriza...

É ainda com essa asa extraordinária
Que a Morte — a costureira funerária —
Cose para o homem a última camisa!

VERSOS DE AMOR

A um poeta erótico

Parece muito doce aquela cana.
Descasco-a, provo-a, chupo-a... ilusão treda!
O amor, poeta, é como a cana azeda,
A toda a boca que o não prova engana.

Quis saber que era o amor, por experiência,
E hoje que, enfim, conheço o seu conteúdo,
Pudera eu ter, eu que idolatro o estudo,
Todas as ciências menos esta ciência!

Certo, este o amor não é que, em ânsias, amo
Mas certo, o egoísta amor este é que acinte
Amas, oposto a mim. Por conseguinte
Chamas amor aquilo que eu não chamo.

Oposto ideal ao meu ideal conservas.
Diverso é, pois, o ponto outro de vista
Consoante o qual, observo o amor, do egoísta
Modo de ver, consoante o qual, o observas.

Porque o amor, tal como eu o estou amando,
É Espírito, é éter, é substância fluida,
É assim como o ar que a gente pega e cuida,
Cuida, entretanto, não o estar pegando!

É a transubstanciação de instintos rudes,
Imponderabilíssima e impalpável,
Que anda acima da carne miserável
Como anda a garça acima dos açudes!

Para reproduzir tal sentimento
Daqui por diante, atenta a orelha cauta,
Como Marsias — o inventor da flauta —
Vou inventar também outro instrumento!

Mas de tal arte e espécie tal fazê-lo
Ambiciono, que o idioma em que te eu falo
Possam todas as línguas decliná-lo
Possam todos os homens compreendê-lo!

Para que, enfim, chegando à última calma
Meu podre coração roto não role,
Integralmente desfibrado e mole,
Como um saco vazio dentro d'alma!

[1907]

SONETOS

I

A meu Pai doente

Para onde fores, Pai, para onde fores,
Irei também, trilhando as mesmas ruas...
Tu, para amenizar as dores tuas,
Eu, para amenizar as minhas dores!

Que coisa triste! O campo tão sem flores,
E eu tão sem crença e as árvores tão nuas
E tu, gemendo, e o horror de nossas duas
Mágoas crescendo e se fazendo horrores!

Magoaram-te, meu Pai! Que mão sombria,
Indiferente aos mil tormentos teus
De assim magoar-te sem pesar havia?!

— Seria a mão de Deus?! Mas Deus enfim
É bom, é justo, e sendo justo, Deus,
Deus não havia de magoar-te assim!

II

A meu Pai morto

Madrugada de Treze de Janeiro.
Rezo, sonhando, o ofício da agonia.
Meu Pai nessa hora junto a mim morria
Sem um gemido, assim como um cordeiro!

E eu nem lhe ouvi o alento derradeiro!
Quando acordei, cuidei que ele dormia,
E disse à minha Mãe que me dizia:
"Acorda-o!" deixa-o, Mãe, dormir primeiro!

E saí para ver a Natureza!
Em tudo o mesmo abismo de beleza,
Nem uma névoa no estrelado véu...

Mas pareceu-me, entre as estrelas flóreas,
Como Elias, num carro azul de glórias,
Ver a alma de meu Pai subindo ao Céu!

III

Podre meu Pai! A Morte o olhar lhe vidra.
Em seus lábios que os meus lábios osculam
Microrganismos fúnebres pululam
Numa fermentação gorda de cidra.

Duras leis as que os homens e a hórrida hidra
A uma só lei biológica vinculam,
E a marcha das moléculas regulam,
Com a invariabilidade da clepsidra!...

Podre meu Pai! E a mão que enchi de beijos
Roída toda de bichos, como os queijos
Sobre a mesa de orgíacos festins!...

Amo meu Pai na atômica desordem
Entre as bocas necrófagas que o mordem
E a terra infecta que lhe cobre os rins!

DEPOIS DA ORGIA

O prazer que na orgia a hetaíra goza
Produz no meu *sensorium* de bacante
O efeito de uma túnica brilhante
Cobrindo ampla apostema escrofulosa!

Troveja! E anelo ter, sôfrega e ansiosa,
O sistema nervoso de um gigante
Para sofrer na minha carne estuante
A dor da força cósmica furiosa.

Apraz-me, enfim, despindo a última alfaia
Que ao comércio dos homens me traz presa,
Livre deste cadeado de peçonha,

Semelhante a um cachorro de atalaia
Às decomposições da Natureza,
Ficar latindo minha dor medonha!

A ÁRVORE DA SERRA

— As árvores, meu filho, não têm alma!
E esta árvore me serve de empecilho...
É preciso cortá-la, pois, meu filho,
Para que eu tenha uma velhice calma!

— Meu pai, por que sua ira não se acalma?!
Não vê que em tudo existe o mesmo brilho?!
Deus pôs almas nos cedros... no junquilho...
Esta árvore, meu pai, possui minh'alma!...

— Disse — e ajoelhou-se, numa rogativa:
"Não mate a árvore, pai, para que eu viva!"
E quando a árvore, olhando a pátria serra,

Caiu aos golpes do machado bronco,
O moço triste se abraçou com o tronco
E nunca mais se levantou da terra!

VENCIDO

No auge de atordoadora e ávida sanha
Leu tudo, desde o mais prístino mito,
Por exemplo: o do boi Ápis do Egito
Ao velho Niebelungen da Alemanha.

Acometido de uma febre estranha
Sem o escândalo fônico de um grito,
Mergulhou a cabeça no Infinito,
Arrancou os cabelos na montanha!

Desceu depois à gleba mais bastarda,
Pondo a áurea insígnia heráldica da farda
À vontade do vômito plebeu...

E ao vir-lhe o cuspo diário à boca fria
O vencido pensava que cuspia
Na célula infeliz de onde nasceu.

[1909]

O CORRUPIÃO

Escaveirado corrupião idiota,
Olha a atmosfera livre, o amplo éter belo,
E a alga criptógama e a úsnea e o cogumelo,
Que do fundo do chão todo o ano brota!

Mas a ânsia de alto voar, de à antiga rota
Voar, não tens mais! E pois, preto e amarelo,
Pões-te a assobiar, bruto, sem cerebelo
A gargalhada da última derrota!

A gaiola aboliu tua vontade.
Tu nunca mais verás a liberdade!...
Ah! Tu somente ainda és igual a mim.

Continua a comer teu milho alpiste.
Foi este mundo que me fez tão triste,
Foi a gaiola que te pôs assim!

NOITE DE UM VISIONÁRIO

Número cento e três. Rua Direita.
Eu tinha a sensação de quem se esfola
E inopinadamente o corpo atola
Numa poça de carne liquefeita!

— "Que esta alucinação tátil não cresça!"
— Dizia; e erguia, oh! céu, alto, por ver-vos,
Com a rebeldia acérrima dos nervos
Minha atormentadíssima cabeça.

É a potencialidade que me eleva
Ao grande Deus, e absorve em cada viagem
Minh'alma — este sombrio personagem
Do drama panteístico da treva!

Depois de dezesseis anos de estudo
Generalizações grandes e ousadas
Traziam minhas forças concentradas
Na compreensão monística de tudo.

Mas a aguadilha pútrida o ombro inerme
Me aspergia, banhava minhas tíbias,
E a ela se aliava o ardor das sirtes líbias,
Cortando o melanismo da epiderme.

Arimânico gênio destrutivo
Desconjuntava minha autônoma alma
Esbandalhando essa unidade calma,
Que forma a coerência do ser vivo.

E eu saí a tremer com a língua grossa
E a volição no cúmulo do exício,
Como quem é levado para o hospício
Aos trambolhões, num canto de carroça!

Perante o inexorável céu aceso
Agregações abióticas espúrias,
Como uma cara, recebendo injúrias,
Recebiam os cuspos do desprezo.

A essa hora, nas telúrias reservas,
O reino mineral americano
Dormia, sob os pés do orgulho humano,
E a cimalha minúscula das ervas.

E não haver quem, íntegra, lhe entregue,
Com os ligamentos glóticos precisos,
A liberdade de vingar em risos
A angústia milenária que o persegue!

Bolia nos obscuros labirintos
Da fértil terra gorda, úmida e fresca,
A ínfima fauna abscôndita e grotesca
Da família bastarda dos helmintos.

As vegetalidades subalternas
Que os serenos noturnos orvalhavam,
Pela alta frieza intrínseca, lembravam
Toalhas molhadas sobre as minhas pernas.

E no estrume fresquíssimo da gleba
Formigavam, com a símplice sarcode,
O vibrião, o ancilóstomo, o colpode
E outros irmãos legítimos da ameba!

E todas essas formas que Deus lança
No Cosmos, me pediam, com o ar horrível,
Um pedaço de língua disponível
Para a filogenética vingança!

A cidade exalava um podre báfio:
Os anúncios das casas de comércio,
Mais tristes que as elegias de Propércio,
Pareciam talvez meu epitáfio.

O motor teleológico da Vida
Parara! Agora, em diástoles de guerra,
Vinha do coração quente da terra
Um rumor de matéria dissolvida.

A química feroz do cemitério
Transformava porções de átomos juntos
No óleo malsão que escorre dos defuntos,
Com a abundância de um *geyser* deletério.

Dedos denunciadores escreviam
Na lúgubre extensão da rua preta
Todo o destino negro do planeta,
Onde minhas moléculas sofriam.

Um necrófilo mau forçava as lousas
E eu — coetâneo do horrendo cataclismo —
Era puxado para aquele abismo
No redemoinho universal das cousas!

ALUCINAÇÃO À BEIRA-MAR

Um medo de morrer meus pés esfriava.
Noite alta. Ante o telúrico recorte,
Na diuturna discórdia, a equórea coorte
Atordoadoramente ribombava!

Eu, ególatra céptico, cismava
Em meu destino!... O vento estava forte
E aquela matemática da Morte
Com os seus números negros, me assombrava!

Mas a alga usufrutuária dos oceanos
E os malacopterígios subraquianos
Que um castigo de espécie emudeceu,

No eterno horror das convulsões marítimas
Pareciam também corpos de vítimas
Condenadas à Morte, assim como eu!

VANDALISMO

Meu coração tem catedrais imensas,
Templos de priscas e longínquas datas,
Onde um nume de amor, em serenatas,
Canta a aleluia virginal das crenças.

Na ogiva fúlgida e nas colunatas
Vertem lustrais irradiações intensas
Cintilações de lâmpadas suspensas
E as ametistas e os florões e as pratas.

Com os velhos Templários medievais
Entrei um dia nessas catedrais
E nesses templos claros e risonhos...

E erguendo os gládios e brandindo as hastas,
No desespero dos iconoclastas
Quebrei a imagem dos meus próprios sonhos!

[1904]

VERSOS ÍNTIMOS

Vês?! Ninguém assistiu ao formidável
Enterro de tua última quimera.
Somente a Ingratidão — esta pantera —
Foi tua companheira inseparável!

Acostuma-te à lama que te espera!
O Homem, que, nesta terra miserável,
Mora, entre feras, sente inevitável
Necessidade de também ser fera.

Toma um fósforo. Acende teu cigarro!
O beijo, amigo, é a véspera do escarro,
A mão que afaga é a mesma que apedreja.

Se a alguém causa inda pena a tua chaga,
Apedreja essa mão vil que te afaga,
Escarra nessa boca que te beija!

[1901]

VENCEDOR

Toma as espadas rútilas, guerreiro,
E à rutilância das espadas, toma
A adaga de aço, o gládio de aço, e doma
Meu coração — estranho carniceiro!

Não podes?! Chama então presto o primeiro
E o mais possante gladiador de Roma.
E qual mais pronto, e qual mais presto assoma
Nenhum pôde domar o prisioneiro.

Meu coração triunfava nas arenas.
Veio depois um domador de hienas
E outro mais, e, por fim, veio um atleta,

Vieram todos, por fim; ao todo, uns cem...
E não pôde domá-lo, enfim, ninguém,
Que ninguém doma um coração de poeta!

[1902]

A ILHA DE CIPANGO

Estou sozinho! A estrada se desdobra
Como uma imensa e rutilante cobra
De epiderme finíssima de areia...
E por essa finíssima epiderme
Eis-me passeando como um grande verme
Que, ao sol, em plena podridão, passeia!

A agonia do sol vai ter começo!
Caio de joelhos, trêmulo... Ofereço
Preces a Deus de amor e de respeito
E o Ocaso que nas águas se retrata
Nitidamente reproduz, exata,
A saudade interior que há no meu peito...

Tenho alucinações de toda a sorte...
Impressionado sem cessar com a Morte
E sentindo o que um lázaro não sente,
Em negras nuanças lúgubres e aziagas
Vejo terribilíssimas adagas,
Atravessando os ares bruscamente.

Os olhos volvo para o céu divino
E observo-me pigmeu e pequenino
Através de minúsculos espelhos,
Assim, quem diante duma cordilheira,
Para, entre assombros, pela vez primeira,
Sente vontade de cair de joelhos!

Soa o rumor fatídico dos ventos,
Anunciando desmoronamentos
De mil lajedos sobre mil lajedos...
E ao longe soam trágicos fracassos
De heróis, partindo e fraturando os braços
Nas pontas escarpadas dos rochedos!

Mas de repente, num enleio doce,
Qual se num sonho arrebatado fosse,
Na ilha encantada de Cipango tombo,
Da qual, no meio, em luz perpétua, brilha
A árvore da perpétua maravilha,
À cuja sombra descansou Colombo!

Foi nessa ilha encantada de Cipango,
Verde, afetando a forma de um losango,
Rica, ostentando amplo floral risonho,
Que Toscanelli viu seu sonho extinto
E como sucedeu a Afonso Quinto
Foi sobre essa ilha que extingui meu sonho!

Lembro-me bem. Nesse maldito dia
O gênio singular da Fantasia
Convidou-me a sorrir para um passeio...
Iríamos a um país de eternas pazes
Onde em cada deserto há mil oásis
E em cada rocha um cristalino veio.

Gozei numa hora séculos de afagos,
Banhei-me na água de risonhos lagos,
E finalmente me cobri de flores...
Mas veio o vento que a Desgraça espalha
E cobriu-me com o pano da mortalha,
Que estou cosendo para os meus amores!

Desde então para cá fiquei sombrio!
Um penetrante e corrosivo frio
Anestesiou-me a sensibilidade
E a grandes golpes arrancou as raízes
Que prendiam meus dias infelizes
A um sonho antigo de felicidade!

Invoco os Deuses salvadores do erro.
A tarde morre. Passa o seu enterro!...
A luz descreve ziguezagues tortos
Enviando à terra os derradeiros beijos.
Pela estrada feral dois realejos
Estão chorando meus amores mortos!

E a treva ocupa toda a estrada longa...
O Firmamento é uma caverna oblonga
Em cujo fundo a Via-Láctea existe.
E como agora a lua cheia brilha!
Ilha maldita vinte vezes a ilha
Que para todo o sempre me fez triste!

[1904]

MATER

Como a crisálida emergindo do ovo
Para que o campo flórido a concentre,
Assim, oh! Mãe, sujo de sangue, um novo
Ser, entre dores, te emergiu do ventre!

E puseste-lhe, haurindo amplo deleite,
No lábio róseo a grande teta farta
— Fecunda fonte desse mesmo leite
Que amamentou os efebos de Esparta —

Com que avidez ele essa fonte suga!
Ninguém mais com a Beleza está de acordo,
Do que essa pequenina sanguessuga,
Bebendo a vida no teu seio gordo!

Pois, quanto a mim, sem pretensões, comparo,
Essas humanas coisas pequeninas
A um *biscuit* de quilate muito raro
Exposto aí, à amostra, nas vitrinas.

Mas o ramo fragílimo e venusto
Que hoje nas débeis gêmulas se esboça,
Há de crescer, há de tornar-se arbusto
E álamo altivo de ramagem grossa.

Clara, a atmosfera se encherá de aromas,
O Sol virá das épocas sadias...
E o antigo leão, que te esgotou as pomas,
Há de beijar-te as mãos todos os dias!

Quando chegar depois tua velhice
Batida pelos bárbaros invernos,
Relembrarás chorando o que eu te disse,
À sombra dos sicômoros eternos!

[1905]

POEMA NEGRO

A Santos Neto

Para iludir minha desgraça, estudo.
Intimamente sei que não me iludo.
Para onde vou (o mundo inteiro o nota)
Nos meus olhares fúnebres, carrego
A indiferença estúpida de um cego
E o ar indolente de um chinês idiota!

A passagem dos séculos me assombra.
Para onde irá correndo minha sombra
Nesse cavalo de eletricidade?!
Caminho, e a mim pergunto, na vertigem:
— Quem sou? Para onde vou? Qual minha origem?
E parece-me um sonho a realidade.

Em vão com o grito do meu peito impreco!
Dos brados meus ouvindo apenas o eco,
Eu torço os braços numa angústia douda
E muita vez, à meia-noite, rio
Sinistramente, vendo o verme frio
Que há de comer a minha carne toda!

É a Morte — esta carnívora assanhada —
Serpente má de língua envenenada
Que tudo que acha no caminho, come...
— Faminta e atra mulher que, a 1 de Janeiro,
Sai para assassinar o mundo inteiro,
E o mundo inteiro não lhe mata a fome!

Nesta sombria análise das cousas,
Corro. Arranco os cadáveres das lousas
E as suas partes podres examino...
Mas de repente, ouvindo um grande estrondo,
Na podridão daquele embrulho hediondo
Reconheço assombrado o meu Destino!

Surpreendo-me, sozinho, numa cova,
Então meu desvario se renova...
Como que, abrindo todos os jazigos,
A Morte, em trajes pretos e amarelos,
Levanta contra mim grandes cutelos
E as baionetas dos dragões antigos!

E quando vi que aquilo vinha vindo
Eu fui caindo como um sol caindo
De declínio em declínio; e de declínio
Em declínio, com a gula de uma fera,
Quis ver o que era, e quando vi o que era,
Vi que era pó, vi que era esterquilínio!

Chegou a tua vez, oh! Natureza!
Eu desafio agora essa grandeza,
Perante a qual meus olhos se extasiam...
Eu desafio, desta cova escura,
No histerismo danado da tortura
Todos os monstros que os teus peitos criam.

Tu não és minha mãe, velha nefasta!
Com o teu chicote frio de madrasta
Tu me açoitaste vinte e duas vezes...
Por tua causa apodreci nas cruzes,
Em que pregas os filhos que produzes
Durante os desgraçados nove meses!

Semeadora terrível de defuntos,
Contra a agressão dos teus contrastes juntos
A besta, que em mim dorme, acorda em berros,
Acorda, e após gritar a última injúria,
Chocalha os dentes com medonha fúria
Como se fosse o atrito de dois ferros!

Pois bem! Chegou minha hora de vingança.
Tu mataste o meu tempo de criança
E de segunda-feira até domingo,
Amarrado no horror de tua rede,
Deste-me fogo quando eu tinha sede...
Deixa-te estar, canalha, que eu me vingo!

Súbito outra visão negra me espanta!
Estou em Roma. É Sexta-feira Santa.
A treva invade o obscuro orbe terrestre.
No Vaticano, em grupos prosternados,
Com as longas fardas rubras, os soldados
Guardam o corpo do Divino Mestre.

Como as estalactites da caverna,
Cai no silêncio da Cidade Eterna
A água da chuva em largos fios grossos...
De Jesus Cristo resta unicamente
Um esqueleto; e a gente, vendo-o, a gente
Sente vontade de abraçar-lhe os ossos!

Não há ninguém na estrada da Ripetta.
Dentro da Igreja de São Pedro, quieta,
As luzes funerais arquejam fracas...
O vento entoa cânticos de morte.
Roma estremece! Além, num rumor forte,
Recomeça o barulho das matracas.

A desagregação da minha Ideia
Aumenta. Como as chagas da morfeia
O medo, o desalento e o desconforto
Paralisam-me os círculos motores.
Na Eternidade, os ventos gemedores
Estão dizendo que Jesus é morto!

Não! Jesus não morreu! Vive na serra
Da Borborema, no ar de minha terra,
Na molécula e no átomo... Resume
A espiritualidade da matéria
E ele é que embala o corpo da miséria
E faz da cloaca uma urna de perfume.

Na agonia de tantos pesadelos
Uma dor bruta puxa-me os cabelos.
Desperto. É tão vazia a minha vida!
No pensamento desconexo e falho
Trago as cartas confusas de um baralho
E um pedaço de cera derretida!

Dorme a casa. O céu dorme. A árvore dorme.
Eu, somente eu, com a minha dor enorme
Os olhos ensanguento na vigília!
E observo, enquanto o horror me corta a fala,
O aspecto sepulcral da austera sala
E a impassibilidade da mobília.

Meu coração, como um cristal, se quebre;
O termômetro negue minha febre,
Torne-se gelo o sangue que me abrasa,
E eu me converta na cegonha triste
Que das ruínas duma casa assiste
Ao desmoronamento de outra casa!

Ao terminar este sentido poema
Onde vazei a minha dor suprema
Tenho os olhos em lágrimas imersos...
Rola-me na cabeça o cérebro oco.
Por ventura, meu Deus, estarei louco?!
Daqui por diante não farei mais versos.

[1906]

ETERNA MÁGOA

O homem por sobre quem caiu a praga
Da tristeza do Mundo, o homem que é triste
Para todos os séculos existe
E nunca mais o seu pesar se apaga!

Não crê em nada, pois, nada há que traga
Consolo à Mágoa, a que só ele assiste.
Quer resistir, e quanto mais resiste
Mais se lhe aumenta e se lhe afunda a chaga.

Sabe que sofre, mas o que não sabe
É que essa mágoa infinda assim não cabe
Na sua vida, é que essa mágoa infinda

Transpõe a vida do seu corpo inerme,
E quando esse homem se transforma em verme
É essa mágoa que o acompanha ainda!

[1904]

QUEIXAS NOTURNAS

Quem foi que viu a minha Dor chorando?!
Saio. Minh'alma sai agoniada.
Andam monstros sombrios pela estrada
E pela estrada, entre estes monstros, ando!

Não trago sobre a túnica fingida
As insígnias medonhas do infeliz
Como os falsos mendigos de Paris
Na atra rua de Santa Margarida.

O quadro de aflições que me consomem
O próprio Pedro Américo não pinta...
Para pintá-lo, era preciso a tinta
Feita de todos os tormentos do homem!

Como um ladrão sentado numa ponte
Espera alguém, armado de arcabuz,
Na ânsia incoercível de roubar a luz,
Estou à espera de que o Sol desponte!

Bati nas pedras dum tormento rude
E a minha mágoa de hoje é tão intensa
Que eu penso que a Alegria é uma doença
E a Tristeza é minha única saúde.

As minhas roupas, quero até rompê-las!
Quero, arrancado das prisões carnais,
Viver na luz dos astros imortais,
Abraçado com todas as estrelas!

A Noite vai crescendo apavorante
E dentro do meu peito, no combate,
A Eternidade esmagadora bate
Numa dilatação exorbitante!

E eu luto contra a universal grandeza
Na mais terrível desesperação...
É a luta, é o prélio enorme, é a rebelião
Da criatura contra a natureza!

Para essas lutas uma vida é pouca
Inda mesmo que os músculos se esforcem;
Os pobres braços do mortal se torcem
E o sangue jorra, em coalhos, pela boca.

E muitas vezes a agonia é tanta
Que, rolando dos últimos degraus,
O Hércules treme e vai tombar no caos
De onde seu corpo nunca mais levanta!

É natural que esse Hércules se estorça,
E tombe para sempre nessas lutas,
Estrangulado pelas rodas brutas
Do mecanismo que tiver mais força.

Ah! Por todos os séculos vindouros
Há de travar-se essa batalha vã
Do dia de hoje contra o de amanhã,
Igual à luta dos cristãos e mouros!

Sobre histórias de amor o interrogar-me
É vão, é inútil, é improfícuo, em suma;
Não sou capaz de amar mulher alguma
Nem há mulher talvez capaz de amar-me.

O amor tem favos e tem caldos quentes
E ao mesmo tempo que faz bem, faz mal;
O coração do Poeta é um hospital
Onde morreram todos os doentes.

Hoje é amargo tudo quanto eu gosto;
A bênção matutina que recebo...
E é tudo: o pão que como, a água que bebo,
O velho tamarindo a que me encosto!

Vou enterrar agora a harpa boêmia
Na atra e assombrosa solidão feroz
Onde não cheguem o eco duma voz
E o grito desvairado da blasfêmia!

Que dentro de minh'alma americana
Não mais palpite o coração — esta arca,
Este relógio trágico que marca
Todos os atos da tragédia humana!

Seja esta minha queixa derradeira
Cantada sobre o túmulo de Orfeu;
Seja este, enfim, o último canto meu
Por esta grande noite brasileira!

Melancolia! Estende-me a tu'asa!
És a árvore em que devo reclinar-me...
Se algum dia o Prazer vier procurar-me
Dize a este monstro que eu fugi de casa!

[1906]

INSÔNIA

Noite. Da Mágoa o espírito noctâmbulo
Passou de certo por aqui chorando!
Assim, em mágoa, eu também vou passando
Sonâmbulo... sonâmbulo... sonâmbulo...

Que voz é esta que a gemer concentro
No meu ouvido e que do meu ouvido
Como um bemol e como um sustenido
Rola impetuosa por meu peito adentro?!

— Por que é que este gemido me acompanha?!
Mas dos meus olhos no sombrio palco
Súbito surge como um catafalco
Uma cidade ao mapa-múndi estranha.

A dispersão dos sonhos vagos reúno.
Desta cidade pelas ruas erra
A procissão dos Mártires da Terra
Desde os Cristãos até Giordano Bruno!

Vejo diante de mim Santa Francisca
Que com o cilício as tentações suplanta,
E invejo o sofrimento desta Santa,
Em cujo olhar o Vício não faísca!

Se eu pudesse ser puro! Se eu pudesse,
Depois de embebedado deste vinho,
Sair da vida puro como o arminho
Que os cabelos dos velhos embranquece!

Por que cumpri o universal ditame?!
Pois se eu sabia onde morava o Vício,
Por que não evitei o precipício
Estrangulando minha carne infame?!

Até que dia o intoxicado aroma
Das paixões torpes sorverei contente?
E os dias correrão eternamente?!
E eu nunca sairei desta Sodoma?!

À proporção que a minha insônia aumenta
Hieróglifos e esfinges interrogo...
Mas, triunfalmente, nos céus altos, logo
Toda a alvorada esplêndida se ostenta.

Vagueio pela Noite decaída...
No espaço a luz de Aldebarã e de Árgus
Vai projetando sobre os campos largos
O derradeiro fósforo da Vida.

O Sol, equilibrando-se na esfera,
Restitui-me a pureza da hematose
E então uma interior metamorfose
Nas minhas arcas cerebrais se opera.

O odor da margarida e da begônia
Subitamente me penetra o olfato...
Aqui, neste silêncio e neste mato,
Respira com vontade a alma campônia!

Grita a satisfação na alma dos bichos.
Incensa o ambiente o fumo dos cachimbos.
As árvores, as flores, os corimbos,
Recordam santos nos seus próprios nichos.

Com o olhar a verde periferia abarco.
Estou alegre. Agora, por exemplo,
Cercado destas árvores, contemplo
As maravilhas reais do meu Pau d'Arco!

Cedo virá, porém, o funerário,
Atro dragão da escura noite, hedionda,
Em que o Tédio, batendo na alma, estronda
Como um grande trovão extraordinário.

Outra vez serei pábulo do susto
E terei outra vez de, em mágoa imerso,
Sacrificar-me por amor do Verso
No meu eterno leito de Procusto!

[1905]

BARCAROLA

Cantam nautas, choram flautas
Pelo mar e pelo mar
Uma sereia a cantar
Vela o Destino dos nautas.

Espelham-se os esplendores
Do céu, em reflexos, nas
Águas, fingindo cristais
Das mais deslumbrantes cores.

Em fulvos filões doirados
Cai a luz dos astros por
Sobre o marítimo horror
Como globos estrelados.

Lá onde as rochas se assentam
Fulguram como outros sóis
Os flamívomos faróis
Que os navegantes orientam.

Vai uma onda, vem outra onda
E nesse eterno vaivém
Coitadas! não acham quem,
Quem as esconda, as esconda...

Alegoria tristonha
Do que pelo mundo vai!
Se um sonha e se ergue, outro cai;
Se um cai, outro se ergue e sonha.

Mas desgraçado do pobre
Que em meio da Vida cai!
Esse não volta, esse vai
Para o túmulo que o cobre.

Vagueia um poeta num barco.
O Céu, de cima, a luzir
Como um diamante de Ofir
Imita a curva de um arco.

A Lua — globo de louça —
Surgiu, em lúcido véu.
Cantam! Os astros do Céu
Ouçam e a Lua Cheia ouça!!

Ouça do alto a Lua Cheia
Que a sereia vai falar...
Haja silêncio no mar
Para se ouvir a sereia.

Que é que ela diz?! Será uma
História de amor feliz?
Não! O que a sereia diz
Não é história nenhuma.

É como um *requiem* profundo
De tristíssimos bemóis...
Sua voz é igual à voz
Das dores todas do mundo.

"Fecha-te nesse medonho
"Reduto de Maldição,
"Viajeiro da Extrema-Unção,
"Sonhador do último sonho!

"Numa redoma ilusória
"Cercou-te a glória falaz,
"Mas nunca mais, nunca mais
"Há de cercar-te essa glória!

"Nunca mais! Sê, porém, forte.
"O poeta é como Jesus!
"Abraça-te à tua Cruz
"E morre, poeta da Morte!"

— E disse e porque isto disse
O luar no Céu se apagou...
Súbito o barco tombou
Sem que o poeta o pressentisse!

Vista de luto o Universo
E Deus se enlute no Céu!
Mais um poeta que morreu,
Mais um coveiro do Verso!

Cantam nautas, choram flautas
Pelo mar e pelo mar
Uma sereia a cantar
Vela o Destino dos nautas!

TRISTEZAS DE UM QUARTO MINGUANTE

Quarto Minguante! E, embora a lua o aclare,
Este *Engenho Pau d'Arco* é muito triste...
Nos engenhos da *várzea* não existe
Talvez um outro que se lhe equipare!

Do observatório em que eu estou situado
A lua magra, quando a noite cresce,
Vista, através do vidro azul, parece
Um paralelepípedo quebrado!

O sono esmaga o encéfalo do povo.
Tenho 300 quilos no epigastro...
Dói-me a cabeça. Agora a cara do astro
Lembra a metade de uma casca de ovo.

Diabo! Não ser mais tempo de milagre!
Para que esta opressão desapareça
Vou amarrar um pano na cabeça,
Molhar a minha fronte com vinagre.

Aumentam-se-me então os grandes medos.
O hemisfério lunar se ergue e se abaixa
Num desenvolvimento de borracha,
Variando à ação mecânica dos dedos!

Vai-me crescendo a aberração do sonho.
Morde-me os nervos o desejo doudo
De dissolver-me, de enterrar-me todo
Naquele semicírculo medonho!

Mas tudo isto é ilusão de minha parte!
Quem sabe se não é porque não saio
Desde que, 6ª feira, 3 de maio,
Eu escrevi os meus Gemidos de Arte?!

A lâmpada a estirar línguas vermelhas
Lambe o ar. No bruto horror que me arrebata,
Como um degenerado psicopata
Eis-me a contar o número das telhas!

— Uma, duas, três, quatro... E aos tombos, tonta
Sinto a cabeça e a conta perco; e, em suma,
A conta recomeço, em ânsias: — Uma...
Mas novamente eis-me a perder a conta!

Sucede a uma tontura outra tontura.
— Estarei morto?! E a esta pergunta estranha
Responde a Vida — aquela grande aranha
Que anda tecendo a minha desventura! —

A luz do quarto diminuindo o brilho
Segue todas as fases de um eclipse...
Começo a ver coisas de Apocalipse
No triângulo escaleno do ladrilho!

Deito-me enfim. Ponho o chapéu num gancho.
Cinco lençóis balançam numa corda,
Mas aquilo mortalhas me recorda,
E o amontoamento dos lençóis desmancho.

Vêm-me à imaginação sonhos dementes.
Acho-me, por exemplo, numa festa...
Tomba uma torre sobre a minha testa,
Caem-me de uma só vez todos os dentes!

Então dois ossos roídos me assombraram...
— "Por ventura haverá quem queira roer-nos?!
Os vermes já não querem mais comer-nos
E os formigueiros já nos desprezaram".

Figuras espectrais de bocas tronchas
Tornam-me o pesadelo duradouro...
Choro e quero beber a água do choro
Com as mãos dispostas à feição de conchas.

Tal uma planta aquática submersa,
Antegozando as últimas delícias
Mergulho as mãos — vis raízes adventícias —
No algodão quente de um tapete persa.

Por muito tempo rolo no tapete.
Súbito me ergo. A lua é morta. Um frio
Cai sobre o meu estômago vazio
Como se fosse um copo de sorvete!

A alta frialdade me insensibiliza;
O suor me ensopa. Meu tormento é infindo...
Minha família ainda está dormindo
E eu não posso pedir outra camisa!

Abro a janela. Elevam-se fumaças
Do engenho enorme. A luz fulge abundante
E em vez do sepulcral Quarto Minguante
Vi que era o sol batendo nas vidraças.

Pelos respiratórios tênues tubos
Dos poros vegetais, no ato da entrega
Do mato verde, a terra resfolega
Estrumada, feliz, cheia de adubos.

Côncavo, o céu, radiante e estriado, observa
A universal criação. Broncos e feios,
Vários reptis cortam os campos, cheios
Dos tenros tinhorões e da úmida erva.

Babujada por baixos beiços brutos,
No húmus feraz, hierática, se ostenta
A monarquia da árvore opulenta
Que dá aos homens o óbolo dos frutos.

De mim diverso, rígido e de rastos
Com a solidez do tegumento sujo
Sulca, em diâmetro, o solo um caramujo
Naturalmente pelos mata-pastos.

Entretanto, passei o dia inquieto,
A ouvir, nestes bucólicos retiros,
Toda a salva fatal de 21 tiros
Que festejou os funerais de Hamleto!

Ah! Minha ruína é pior do que a de Tebas!
Quisera ser, numa última cobiça,
A fatia esponjosa de carniça
Que os corvos comem sobre as jurubebas!

Porque, longe do pão com que me nutres
Nesta hora, oh! Vida em que a sofrer me exortas
Eu estaria como as bestas mortas
Pendurado no bico dos abutres!

MISTÉRIOS DE UM FÓSFORO

Pego de um fósforo. Olho-o. Olho-o ainda. Risco-o
Depois. E o que depois fica e depois
Resta é um ou, por outra, é mais de um, são dois
Túmulos dentro de um carvão promíscuo.

Dois são, porque um, certo, é do sonho assíduo
Que a individual psiquê humana tece e
O outro é o do sonho altruístico da espécie
Que é o *substractum* dos sonhos do indivíduo!

E exclamo, ébrio, a esvaziar báquicos odres:
— "Cinza, síntese má da podridão,
"Miniatura alegórica do chão,
"Onde os ventres maternos ficam podres;

"Na tua clandestina e erma alma vasta,
"Onde nenhuma lâmpada se acende,
"Meu raciocínio sôfrego surpreende
"Todas as formas da matéria gasta!"

Raciocinar! Aziaga contingência!
Ser quadrúpede! Andar de quatro pés
É mais do que ser Cristo e ser Moisés
Porque é ser animal sem ter consciência!

Bêbedo, os beiços na ânfora ínfima, harto,
Mergulho, e na ínfima ânfora, harto, sinto
O amargor específico do absinto
E o cheiro animalíssimo do parto!

E afogo mentalmente os olhos fundos
Na amorfia da cítula inicial,
De onde, por epigênese geral,
Todos os organismos são oriundos.

Presto, irrupto, através ovoide e hialino
Vidro, aparece, amorfo e lúrido, ante
Minha massa encefálica minguante
Todo o gênero humano intrauterino!

É o caos da avita víscera avarenta
— Mucosa nojentíssima de pus,
A nutrir diariamente os fetos nus
Pelas vilosidades da placenta! —

Certo, o arquitetural e íntegro aspecto
Do mundo o mesmo inda e, que, ora, o que nele
Morre, sou eu, sois vós, é todo aquele
Que vem de um ventre inchado, ínfimo e infecto!

É a flor dos genealógicos abismos
— Zooplasma pequeníssimo e plebeu,
De onde o desprotegido homem nasceu
Para a fatalidade dos tropismos. —

Depois, é o céu abscôndito do Nada,
É este ato extraordinário de morrer
Que há de na última hebdômada, atender
Ao pedido da célula cansada!

Um dia restará, na terra instável,
De minha antropocêntrica matéria
Numa côncava xícara funérea
Uma colher de cinza miserável!

Abro na treva os olhos quase cegos,
Que mão sinistra e desgraçada encheu
Os olhos tristes que meu Pai me deu
De alfinetes, de agulhas e de pregos?!

Pesam sobre o meu corpo oitenta arráteis!
Dentro um dínamo déspota, sozinho,
Sob a morfologia de um moinho,
Move todos os meus nervos vibráteis.

Então, do meu espírito, em segredo,
Se escapa, dentre as tênebras, muito alto,
Na síntese acrobática de um salto,
O espectro angulosíssimo do Medo!

Em cismas filosóficas me perco
E vejo, como nunca outro homem viu,
Na anfigonia que me produziu
Nonilhões de moléculas de esterco.

Vida, mônada vil, cósmico zero,
Migalha de albumina semifluida,
Que fez a boca mística do druida
E a língua revoltada de Lutero;

Teus gineceus prolíficos envolvem
Cinza fetal!... Basta um fósforo só
Para mostrar a incógnita de pó,
Em que todos os seres se resolvem!

Ah! Maldito o conúbio incestuoso
Dessas afinidades eletivas,
De onde quimicamente tu derivas,
Na aclamação simbiótica do gozo!

O enterro de minha última neurona
Desfila... E eis-me outro fósforo a riscar.
E esse acidente químico vulgar
Extraordinariamente me impressiona!

Mas minha crise artrítica não tarda.
Adeus! Que eu vejo enfim, com a alma vencida,
Na abjeção embriológica da vida
O futuro de cinza que me aguarda!

[1910]

POEMAS ESCRITOS ENTRE 1900 E 1914,
NÃO RECOLHIDOS EM LIVRO PELO AUTOR

VIAGEM DE UM VENCIDO

Noite. Cruzes na estrada. Aves com frio...
E, enquanto eu tropeçava sobre os paus,
A efígie apocalíptica do Caos
Dançava no meu cérebro sombrio!

O Céu estava horrivelmente preto
E as árvores magríssimas lembravam
Pontos de admiração que se admiravam
De ver passar ali meu esqueleto!

Sozinho, uivando *hoffmânnicos* dizeres,
Aprazia-me assim, na escuridão,
Mergulhar minha exótica visão
Na intimidade noumenal dos seres.

Eu procurava, com uma vela acesa,
O feto original, de onde decorrem
Todas essas moléculas que morrem
Nas transubstanciações da Natureza.

Mas o que meus sentidos apreendiam
Dentro da treva lúgubre, era só
O ocaso sistemático de pó,
Em que as formas humanas se sumiam!

Reboava, num ruidoso burburinho
Bruto, análogo ao peã de márcios brados,
A rebeldia dos meus pés danados
Nas pedras resignadas do caminho.

Sentia estar pisando com a planta ávida
Um povo de radículas e embriões
Prestes a rebentar, como vulcões,
Do ventre equatorial da terra grávida!

Dentro de mim, como num chão profundo,
Choravam, com soluços quase humanos,
Convulsionando Céus, almas e oceanos
As formas microscópicas do mundo!

Era a larva agarrada a absconsas landes,
Era o abjeto vibrião rudimentar
Na impotência angustiosa de falar,
No desespero de não serem grandes!

Vinha-me à boca, assim, na ânsia dos párias,
Como o protesto de uma raça invicta,
O brado emocionante de vindicta
Das sensibilidades solitárias!

A longanimidade e o vilipêndio,
A abstinência e a luxúria, o bem e o mal
Ardiam no meu orco cerebral,
Numa crepitação própria de incêndio!

Em contraposição à paz funérea,
Doía profundamente no meu crânio
Esse funcionamento simultâneo
De todos os conflitos da matéria!

Eu, perdido no Cosmos, me tornara
A assembleia belígera malsã,
Onde Ormuzd guerreava com Arimã,
Na discórdia perpétua do *sansara*!

Já me fazia medo aquela viagem
A carregar pelas ladeiras tétricas,
Na óssea armação das vértebras simétricas
A angústia da biológica engrenagem!

No Céu, de onde se vê o Homem de rastros,
Brilhava, vingadora, a esclarecer
As manchas subjetivas do meu ser
A espionagem fatídica dos astros!

Sentinelas de espíritos e estradas,
Noite alta, com a sidérica lanterna,
Eles entravam todos na caverna
Das consciências humanas mais fechadas!

Ao castigo daquela rutilância,
Maior que o olhar que perseguiu Caim,
Cumpria-se afinal dentro de mim
O próprio sofrimento da Substância!

Como quem traz ao dorso muitas cargas
Eu sofria, ao colher simples gardênia,
A multiplicidade heterogênea
De sensações diversamente amargas.

Mas das árvores, frias como lousas,
Fluía, horrenda e monótona, uma voz
Tão grande, tão profunda, tão feroz
Que parecia vir da alma das cousas:

"Se todos os fenômenos complexos,
Desde a consciência à antítese dos sexos
Vêm de um dínamo fluídico de gás,

Se hoje, obscuro, amanhã píncaros galgas,
A humildade botânica das algas
De que grandeza não será capaz?!

Quem sabe, enquanto Deus, Jeová ou Siva
Oculta à tua força cognitiva
Fenomenalidades que hão de vir,
Se a contração que hoje produz o choro
Não há de ser no século vindouro
Um simples movimento para rir?!

Que espécies outras, do Equador aos polos,
Na prisão milenária dos subsolos,
Rasgando avidamente o húmus malsão,
Não trabalham, com a febre mais bravia,
Para erguer, na ânsia cósmica, a Energia
À última etapa da objetivação?!

É inútil, pois, que, a espiar enigmas, entres
Na química genésica dos ventres,
Porque em todas as coisas, afinal,
Crânio, ovário, montanha, árvore, *iceberg*,
Tragicamente, diante do Homem, se ergue
A esfinge do Mistério Universal!

A própria força que em teu Ser se expande,
Para esconder-se nessa esfinge grande,
Deu-te (oh! mistério que se não traduz!)
Neste astro ruim de tênebras e abrolhos
A efeméride orgânica dos olhos
E o simulacro atordoador da Luz!

Por isto, oh! filho dos terráqueos limos,
Nós, arvoredos desterrados, rimos
Das vãs diatribes com que aturdes o ar...
Rimos, isto é, choramos, porque, em suma,
Rir da desgraça que de ti ressuma
É quase a mesma coisa que chorar!"

Às vibrações daquele horrível carme
Meu dispêndio nervoso era tamanho
Que eu sentia no corpo um vácuo estranho
Como uma boca sôfrega a esvaziar-me!

Na avançada epilética dos medos
Cria ouvir, a escalar Céus e apogeus,
A voz cavernosíssima de Deus,
Reproduzida pelos arvoredos!

Agora, astro decrépito, em destroços,
Eu, desgraçadamente magro, a erguer-me,
Tinha necessidade de esconder-me
Longe da espécie humana, com os meus ossos!

Restava apenas na minha alma bruta
Onde frutificara outrora o Amor
Uma volicional fome interior
De renúncia budística absoluta!

Porque, naquela noite de ânsia e inferno,
Eu fora, alheio ao mundanário ruído,
A maior expressão do homem vencido
Diante da sombra do Mistério Eterno!

O ÚLTIMO NÚMERO

Hora da minha morte. Hirta, ao meu lado,
A Ideia estertorava-se... No fundo
Do meu entendimento moribundo
Jazia o Último Número cansado.

Era de vê-lo, imóvel, resignado,
Tragicamente de si mesmo oriundo,
Fora da sucessão, estranho ao mundo,
Com o reflexo fúnebre do Incriado:

Bradei: — Que fazes ainda no meu crânio?
E o Último Número, atro e subterrâneo,
Parecia dizer-me: "É tarde, amigo!

Pois que a minha ontogênica Grandeza
Nunca vibrou em tua língua presa,
Não te abandono mais! Morro contigo!"

O LAMENTO DAS COISAS

Triste, a escutar, pancada por pancada,
A sucessividade dos segundos,
Ouço, em sons subterrâneos, do Orbe oriundos
O choro da Energia abandonada!

É a dor da Força desaproveitada
— O cantochão dos dínamos profundos,
Que, podendo mover milhões de mundos,
Jazem ainda na estática do Nada!

É o soluço da forma ainda imprecisa...
Da transcendência que se não realiza...
Da luz que não chegou a ser lampejo...

E é em suma, o subconsciente aí formidando
Da Natureza que parou, chorando,
No rudimentarismo do Desejo!

AOS MEUS FILHOS

Na intermitência da vital canseira,
Sois vós que sustentais (Força Alta exige-o...)
Com o vosso catalítico prestígio,
Meu fantasma de carne passageira!

Vulcão da bioquímica fogueira
Destruiu-me todo o orgânico fastígio...
Dai-me asas, pois, para o último remígio,
Dai-me alma, pois, para a hora derradeira!

Culminâncias humanas ainda obscuras,
Expressões do universo radioativo,
Íons emanados do meu próprio ideal,

Benditos vós, que, em épocas futuras,
Haveis de ser no mundo subjetivo,
Minha continuidade emocional!

CANTO DE ONIPOTÊNCIA

Cloto, Átropos, Tífon, Láquesis, Siva...
E acima deles, como um astro, a arder,
Na hiperculminação definitiva
O meu supremo e extraordinário Ser!

Em minha sobre-humana retentiva
Brilhavam, como a luz do amanhecer,
A perfeição virtual tornada viva
E o embrião do que podia acontecer!

Por antecipação divinatória,
Eu, projetado muito além da História,
Sentia dos fenômenos o fim...

A coisa em si movia-se aos meus brados
E os acontecimentos subjugados
Olhavam como escravos para mim!

ANSEIO

Que sou eu, neste ergástulo das vidas
Danadamente, a soluçar de dor?!
— Trinta trilhões de células vencidas,
Nutrindo uma efeméride interior.

Branda, entanto, a afagar tantas feridas,
A áurea mão taumatúrgica do Amor
Traça, nas minhas formas carcomidas,
A estrutura de um mundo superior!

Alta noite, esse mundo incoerente
Essa elementaríssima semente
Do que hei de ser, tenta transpor o Ideal...

Grita em meu grito, alarga-se em meu hausto,
E, ai! como eu sinto no esqueleto exausto
Não poder dar-lhe vida material!

APOCALIPSE

Minha divinatória Arte ultrapassa
Os séculos efêmeros e nota
Diminuição dinâmica, derrota
Na atual força, integérrima, da Massa.

É a subversão universal que ameaça
A Natureza, e, em noite aziaga e ignota,
Destrói a ebulição que a água alvorota
E põe todos os astros na desgraça!

São despedaçamentos, derrubadas,
Federações sidéricas quebradas...
E eu só, o último a ser, pelo orbe adiante,

Espião da cataclísmica surpresa,
A única luz tragicamente acesa
Na universalidade agonizante!

ABERRAÇÃO

Na velhice automática e na infância,
(Hoje, ontem, amanhã e em qualquer era)
Minha hibridez é a súmula sincera
Das defectividades da Substância:

Criando na alma a estesia abstrusa da ânsia,
Como Belerofonte com a Quimera
Mato o ideal; cresto o sonho; achato a esfera
E acho odor de cadáver na fragrância!

Chamo-me Aberração. Minha alma é um misto
De anomalias lúgubres. Existo
Como o cancro, a exigir que os sãos enfermem...

Teço a infâmia; urdo o crime; engendro o lodo
E nas mudanças do Universo todo
Deixo inscrita a memória do meu gérmen!

MINHA FINALIDADE

Turbilhão teleológico incoercível,
Que força alguma inibitória acalma,
Levou-me o crânio e pôs-lhe dentro a palma
Dos que amam apreender o Inapreensível!

Predeterminação imprescritível
Oriunda da infra-astral Substância calma
Plasmou, aparelhou, talhou minha alma
Para cantar de preferência o Horrível!

Na canonização emocionante,
Da dor humana, sou maior que Dante,
— A águia dos latifúndios florentinos!

Sistematizo, soluçando, o Inferno...
E trago em mim, num sincronismo eterno
A fórmula de todos os destinos!

REVELAÇÃO

I

Escafandrista de insondado oceano
Sou eu que, aliando Buda ao sibarita,
Penetro a essência plásmica infinita,
— Mãe promíscua do amor e do ódio insano!

Sou eu que, hirto, auscultando o absconso arcano,
Por um poder de acústica esquisita,
Ouço o universo ansioso que se agita
Dentro de cada pensamento humano!

No abstrato abismo equóreo, em que me inundo,
Sou eu que, revolvendo o *ego* profundo
E a escuridão dos cérebros medonhos,

Restituo triunfalmente à esfera calma
Todos os cosmos que circulam na alma
Sob a forma embriológica de sonhos!

II

Treva e fulguração; sânie e perfume;
Massa palpável e éter; desconforto
E ataraxia; feto vivo e aborto...
— Tudo a unidade do meu ser resume!

Sou eu que, ateando da alma o ocíduo lume,
Apreendo, em cisma abismadora absorto,
A potencialidade do que é morto
E a eficácia prolífica do estrume!

Ah! Sou eu que, transpondo a escarpa angusta
Dos limites orgânicos estreitos,
Dentro dos quais recalco em vão minha ânsia,

Sinto bater na putrescível crusta
Do tegumento que me cobre os peitos
Toda a imortalidade da Substância!

NOLI ME TANGERE

A exaltação emocional do Gozo,
O Amor, a Glória, a Ciência, a Arte e a Beleza
Servem de combustíveis à ira acesa
Das tempestades do meu ser nervoso!

Eu sou, por consequência, um ser monstruoso!
Em minha arca encefálica indefesa
Choram as forças más da Natureza
Sem possibilidades de repouso!

Agregados anômalos malditos
Despedaçam-se, mordem-se, dão gritos
Nas minhas camas cerebrais funéreas...

Ai! Não toqueis em minhas faces verdes,
Sob pena, homens felizes, de sofrerdes
A sensação de todas as misérias!

ULTIMA VISIO

Quando o homem, resgatado da cegueira
Vir Deus num simples grão de argila errante,
Terá nascido nesse mesmo instante
A mineralogia derradeira!

A impérvia escuridão obnubilante
Há de cessar! Em sua glória inteira
Deus resplandecerá dentro da poeira
Como um gasofiláceo de diamante!

Nessa última visão já subterrânea,
Um movimento universal de insânia
Arrancará da insciência o homem precito...

A Verdade virá das pedras mortas
E o homem compreenderá todas as portas
Que ele ainda tem de abrir para o Infinito!

APÓSTROFE À CARNE

Quando eu pego nas carnes do meu rosto
Pressinto o fim da orgânica batalha:
— Olhos que o húmus necrófago estraçalha,
Diafragmas, decompondo-se, ao sol posto...

E o Homem — negro e heteróclito composto,
Onde a alva flama psíquica trabalha,
Desagrega-se e deixa na mortalha
O tato, a vista, o ouvido, o olfato e o gosto!

Carne, feixe de mônadas bastardas,
Conquanto em flâmeo fogo efêmero ardas,
A dardejar relampejantes brilhos,

Dói-me ver, muito embora a alma te acenda,
Em tua podridão a herança horrenda,
Que eu tenho de deixar para os meus filhos!

O MEU NIRVANA

No alheamento da obscura forma humana,
De que, pensando, me desencarcero,
Foi que eu, num grito de emoção, sincero
Encontrei, afinal, o meu Nirvana!

Nessa manumissão schopenhauereana,
Onde a Vida do humano aspecto fero
Se desarraiga, eu, feito força, impero
Na imanência da Ideia Soberana!

Destruída a sensação que oriunda fora
Do tato — ínfima antena aferidora
Destas tegumentárias mãos plebeias —

Gozo o prazer, que os anos não carcomem,
De haver trocado a minha forma de homem
Pela imortalidade das Ideias!

CAPUT IMMORTALE

Ad poetam

Na dinâmica aziaga das descidas,
Aglomeradamente e em turbilhão
Solucem dentro do Universo ancião,
Todas as urbes siderais vencidas!

Morra o éter. Cesse a luz. Parem as vidas.
Sobre a pancosmológica exaustão
Reste apenas o acervo árido e vão
Das muscularidades consumidas!

Ainda assim, a animar o cosmos ermo,
Morto o comércio físico nefando,
Oh! Nauta aflito do Subliminal,

Como a última expressão da Dor sem termo,
Tua cabeça há de ficar vibrando
Na negatividade universal!

LOUVOR À UNIDADE

"Escafandros, arpões, sondas e agulhas
"Debalde aplicas aos heterogêneos
"Fenômenos, e, há inúmeros milênios,
"Num pluralismo hediondo o olhar mergulhas!

"Une, pois, a irmanar diamantes e hulhas,
"Com essa intuição monística dos gênios,
"À hirta forma falaz do *aere perennius*
"A transitoriedade das fagulhas!"

— Era a estrangulação, sem retumbância,
Da multimilenária dissonância
Que as harmonias siderais invade...

Era, numa alta aclamação, sem gritos,
O regresso dos átomos aflitos
Ao descanso perpétuo da Unidade!

O PÂNTANO

Podem vê-lo, sem dor, meus semelhantes!...
Mas, para mim que a natureza escuto,
Este pântano é o túmulo absoluto,
De todas as grandezas começantes!

Larvas desconhecidas de gigantes
Sobre o seu leito de peçonha e luto
Dormem tranquilamente o sono bruto
Dos superorganismos ainda infantes!

Em sua estagnação arde uma raça,
Tragicamente, à espera de quem passa
Para abrir-lhe, às escâncaras, a porta...

E eu sinto a angústia dessa raça ardente
Condenada a esperar perpetuamente
No universo esmagado da água morta!

SUPRÈME CONVULSION

O equilíbrio do humano pensamento
Sofre também a súbita ruptura,
Que produz muita vez, na noite escura,
A convulsão meteórica do vento.

E a alma o obnóxio quietismo sonolento
Rasga; e, opondo-se à Inércia, é a essência pura,
É a síntese, é o transunto, é a abreviatura
De todo o ubiquitário Movimento!

Sonho, — libertação do homem cativo —
Ruptura do equilíbrio subjetivo,
Ah! foi teu beijo convulsionador

Que produziu este contraste fundo
Entre a abundância do que eu sou, no Mundo,
E o nada do meu homem interior!

A UM GÉRMEN

Começaste a existir, geleia crua,
E hás de crescer, no teu silêncio, tanto
Que, é natural, ainda algum dia, o pranto
Das tuas concreções plásmicas flua!

A água, em conjugação com a terra nua,
Vence o granito, deprimindo-o... O espanto
Convulsiona os espíritos, e, entanto,
Teu desenvolvimento continua!

Antes, geleia humana, não progridas
E em retrogradações indefinidas,
Volvas à antiga inexistência calma!...

Antes o Nada, oh! gérmen, que ainda haveres
De atingir, como o gérmen de outros seres,
Ao supremo infortúnio de ser alma!

NATUREZA ÍNTIMA

Ao filósofo Farias Brito

Cansada de observar-se na corrente
Que os acontecimentos refletia,
Reconcentrando-se em si mesma, um dia,
A Natureza olhou-se interiormente!

Baldada introspecção! Noumenalmente
O que Ela, em realidade, ainda sentia
Era a mesma imortal monotonia
De sua face externa indiferente!

E a Natureza disse com desgosto:
"Terei somente, porventura, rosto?!
"Serei apenas mera crusta espessa?!

"Pois é possível que Eu, causa do Mundo,
"Quanto mais em mim mesma me aprofundo,
"Menos interiormente me conheça?!"

A FLORESTA

Em vão com o mundo da floresta privas!...
— Todas as hermenêuticas sondagens,
Ante o hieroglifo e o enigma das folhagens,
São absolutamente negativas!

Araucárias, traçando arcos de ogivas,
Bracejamento de álamos selvagens,
Como um convite para estranhas viagens,
Tornam todas as almas pensativas!

Há uma força vencida nesse mundo!
Todo o organismo florestal profundo
É dor viva, trancada num disfarce...

Vivem só, nele, os elementos broncos,
— As ambições que se fizeram troncos,
Porque nunca puderam realizar-se!

A MERETRIZ

A rua dos destinos desgraçados
Faz medo. O Vício estruge. Ouvem-se os brados
Da danação carnal... Lúbrica, à lua,
Na sodomia das mais negras bodas
Desarticula-se, em coreias doudas,
Uma mulher completamente nua!

É a meretriz que, de cabelos ruivos,
Bramando, ébria e lasciva, hórridos uivos
Na mesma esteira pública, recebe,
Entre farraparias e esplendores,
O eretismo das classes superiores
E o orgasmo bastardíssimo da plebe!

É ela que, aliando, à luz do olhar protervo,
O indumento vilíssimo do servo
Ao brilho da augustal *toga pretexta*,
Sente, alta noite, em contorções sombrias,
Na vacuidade das entranhas frias
O esgotamento intrínseco da besta!

É ela que, hirta, a arquivar credos desfeitos,
Com as mãos chagadas, espremendo os peitos,
Reduzidos, por fim, a âmbulas moles,
Sofre em cada molécula a angústia alta
De haver secado, como o estepe, à falta
Da água criadora que alimenta as proles!

É ela que, arremessada sobre o rude
Despenhadeiro da decrepitude,
Na vizinhança aziaga dos ossuários
Representa através os meus sentidos,
A escuridão dos gineceus falidos
E a desgraça de todos os ovários!

Irrita-se-lhe a carne à meia-noite.
Espicaça-a a ignomínia, excita-a o açoite
Do incêndio que lhe inflama a língua espúria,
E a mulher, funcionária dos instintos,
Com a roupa amarfanhada e os beiços tintos,
Gane instintivamente de luxúria!

Navio para o qual todos os portos
Estão fechados, urna de ovos mortos,
Chão de onde uma só planta não rebenta,
Ei-la, de bruços, bêbeda de gozo
Saciando o geotropismo pavoroso
De unir o corpo à terra famulenta!

Nesse espolinhamento repugnante
O esqueleto irritado da bacante
Estrala... Lembra o ruído harto azorrague
A vesgastar ásperos dorsos grossos.
E é aterradora essa alegria de ossos
Pedindo ao sensualismo que os esmague!

É o pseudorregozijo dos eunucos
Por natureza, dos que são caducos
Desde que a Mãe-Comum lhes deu início...

É a dor profunda da incapacidade
Que, pela própria hereditariedade
A lei da seleção disfarça em Vício!

É o júbilo aparente da alma quase
A eclipar-se, no horror da ocídua fase
Esterilizadora de órgãos... É o hino
Da matéria incapaz, filha do inferno,
Pagando com volúpia o crime eterno
De não ter sido fiel ao seu destino!

É o Desespero que se faz bramido
De anelo animalíssimo incontido,
Mais que a vaga incoercível na água oceânea...
É a carne que, já morta essencialmente,
Para a Finalidade Transcendente
Gera o prodígio anímico da Insânia!

Nas frias antecâmaras do Nada
O fantasma da fêmea castigada,
Passa agora ao clarão da lua acesa
E é seu corpo expiatório, alvo e desnudo
A síntese eucarística de tudo
Que não se realizou na Natureza!

Antigamente, aos tácitos apelos
Das suas carnes e dos seus cabelos,
Na óptica abreviatura de um reflexo,
Fulgia, em cada humana nebulosa,
Toda a sensualidade tempestuosa
Dos apetites bárbaros do Sexo!

O atavismo das raças sibaritas,
Criando concupiscências infinitas
Como eviterno lobo insatisfeito;
Na homofagia hedionda que o consome,
Vinha saciar a milenária fome
Dentro das abundâncias do seu leito!

Toda a libidinagem dos mormaços
Americanos fluía-lhe dos braços,
Irradiava-se-lhe, hircinca, das veias
E em torrencialidades quentes e úmidas,
Gorda a escorrer-lhe das artérias túmidas
Lembrava um transbordar de ânforas cheias.

A hora da morte acende-lhe o intelecto
E à úmida habitação do vício abjecto
Afluem milhões de sóis, rubros, radiando...
Resíduos memoriais tornam-se luzes
Fazem-se ideias e ela vê as cruzes
Do seu martirológio miserando!

Inícios atrofiados de ética, ânsia
De perfeição, sonhos de culminância,
Libertos da ancestral modorra calma,
Saem da infância embrionária e erguem-se, adultos,
Lançando a sombra horrível dos seus vultos
Sobre a noite fechada daquela alma!

É o sublevantamento coletivo
De um mundo inteiro que aparece vivo,
Numa cenografia de diorama,
Que, momentaneamente luz fecunda,
Brilha na prostituta moribunda
Como a fosforescência sobre a lama!

É a visita alarmante do que outrora
Na abundância prospérrima da aurora,
Pudera progredir, talvez, decerto,
Mas que, adstrito a inferior plasma inconsútil,
Ficou rolando, como aborto inútil,
Como o .... do deserto!

Vede! A prostituição ofídia aziaga
Cujo tóxico instila a infâmia, e a estraga
Na delinquência .... impune,
Agarrou-se-lhe aos seios impudicos
Como o abraço mortífero do *Ficus*
Sugando a seiva da árvore a que se une!

....
....
....
....
....
....

Enroscou-lhe aos abraços com tal gosto,
Mordeu-lhe a boca e o rosto...
....
....
....
....

Ser meretriz depois do túmulo! A alma
Roubada a hirta quietude da urbe calma
Onde se extinguem todos os escolhos:
E, condenada, ao trágico ditame,
Oferecer-se à bicharia infame
Com a terra do sepulcro a encher-lhe os olhos!

Sentir a língua aluir-se-lhe na boca
E com a cabeça sem cabelos, oca...
....
Na horrorosa avulsão da forma nívea
Dizer ainda palavras de lascívia...
....

GUERRA

Guerra é esforço, é inquietude, é ânsia, é transporte...
É a dramatização sangrenta e dura
Vir Deus num simples grão de argila errante,
Da avidez com que o Espírito procura

É a Subconsciência que se transfigura
Em volição conflagradora... É a coorte
Das raças todas, que se entrega à morte
Para a felicidade da Criatura!

É a obsessão de ver sangue, é o instinto horrendo
De subir, na ordem cósmica, descendo
À irracionalidade primitiva...

É a natureza que, no seu arcano,
Precisa de encharcar-se em sangue humano
Para mostrar aos homens que está viva!

O SARCÓFAGO

Senhor da alta hermenêutica do Fado
Perlustro o *atrium* da Morte... É frio o ambiente
E a chuva corta inexoravelmente
O dorso de um sarcófago molhado!

Ah! Ninguém ouve o soluçante brado
De dor profunda, acérrima e latente,
Que o sarcófago, ereto e imóvel, sente
Em sua própria sombra sepultado!

Dói-lhe (quem sabe?!) essa grandeza horrível,
Que em toda a sua máscara se expande,
À humana comoção impondo-a, inteira...

Dói-lhe, em suma, perante o Incognoscível,
Essa fatalidade de ser grande
Para guardar unicamente poeira!

HINO À DOR

Dor, saúde dos seres que se fanam,
Riqueza da alma, psíquico tesouro,
Alegria das glândulas do choro
De onde todas as lágrimas emanam...

És suprema! Os meus átomos se ufanam
De pertencer-te, oh! Dor, ancoradouro
Dos desgraçados, sol do cérebro, ouro
De que as próprias desgraças se engalanam!

Sou teu amante! Ardo em teu corpo abstrato.
Com os corpúsculos mágicos do tato
Prendo a orquestra de chamas que executas...

E, assim, sem convulsão que me alvorece,
Minha maior ventura é estar de posse
De tuas claridades absolutas!

A DANÇA DA PSIQUÊ

A dança dos encéfalos acesos
Começa. A carne é fogo. A alma arde. A espaços
As cabeças, as mãos, os pés e os braços
Tombam, cedendo à ação de ignotos pesos!

É então que a vaga dos instintos presos
— Mãe de esterilidades e cansaços —
Atira os pensamentos mais devassos
Contra os ossos cranianos indefesos.

Subitamente a cerebral coreia
Para. O cosmos sintético da Ideia
Surge. Emoções extraordinárias sinto...

Arranco do meu crânio as nebulosas.
E acho um feixe de forças prodigiosas
Sustentando dois monstros: a alma e o instinto!

O POETA DO HEDIONDO

Sofro aceleradíssimas pancadas
No coração. Ataca-me a existência
A mortificadora coalescência
Das desgraças humanas congregadas!

Em alucinatórias cavalgadas,
Eu sinto, então, sondando-me a consciência
A ultrainquisitorial clarividência
De todas as neuronas acordadas!

Quanto me dói no cérebro esta sonda!
Ah! Certamente eu sou a mais hedionda
Generalização do Desconforto...

Eu sou aquele que ficou sozinho
Cantando sobre os ossos do caminho
A poesia de tudo quanto é morto!

A FOME E O AMOR

A um monstro

Fome! E, na ânsia voraz que, ávida, aumenta,
Receando outras mandíbulas a esbangem,
Os dentes antropófagos que rangem,
Antes da refeição sanguinolenta!

Amor! E a satiríase sedenta,
Rugindo, enquanto as almas se confrangem,
Todas as danações sexuais que abrangem
A apolínica besta famulenta!

Ambos assim, tragando a ambiência vasta,
No desembestamento que os arrasta,
Superexcitadíssimos, os dois

Representam, no ardor dos seus assomos
A alegoria do que outrora fomos
E a imagem bronca do que inda hoje sois!

HOMO INFIMUS

Homem, carne sem luz, criatura cega,
Realidade geográfica infeliz.
O Universo calado te renega
E a tua própria boca te maldiz!

O nôumeno e o fenômeno, o alfa e o omega
Amarguram-te. Hebdômadas hostis
Passam... Teu coração se desagrega,
Sangram-te os olhos, e, entretanto, ris!

Fruto injustificável dentre os frutos,
Montão de estercorária argila preta,
Excrescência de terra singular.

Deixa a tua alegria aos seres brutos,
Porque, na superfície do planeta,
Tu só tens um direito: — o de chorar!

NUMA FORJA

De inexplicáveis ânsias prisioneiro
Hoje entrei numa forja, ao meio-dia.
Trinta e seis graus à sombra. O éter possuía
A térmica violência de um braseiro.
    Dentro, a cuspir escórias
    De fúlgida limalha
Dardejando centelhas transitórias,
No horror da metalúrgica batalha
    O ferro chiava e ria!

Ria, num sardonismo doloroso
    De ingênita amargura,
    Da qual, bruta, provinha
Como de um negro cáspio de água impura
    A multissecular desesperança
    De sua espécie abjeta
Condenada a uma estática mesquinha!

Ria com essa metálica tristeza
    De ser na Natureza,
    Onde a Matéria avança
    E a Substância caminha
Aceleradamente para o gozo
    Da integração completa,
Uma consciência eternamente obscura!

O ferro continuava a chiar e a rir.
    E eu nervoso, irritado,
    Quase com febre, a ouvir

Cada átomo de ferro
Contra a incude esmagado
Sofrer, berrar, tinir.

Compreendia por fim que aquele berro
À substância inorgânica arrancado
Era a dor do minério castigado
Na impossibilidade de reagir!

Era um cosmos inteiro sofredor,
    Cujo negror profundo
    Astro nenhum exorna
    Gritando na bigorna
Asperadamente a sua própria dor!
    Era, erguido do pó,
    Inopinadamente
    Para que à vida quente
Da sinergia cósmica desperte,
    A ansiedade de um mundo
    Doente de ser inerte,
    Cansado de estar só!

    Era a revelação
    De tudo que ainda dorme
No metal bruto ou na geleia informe
Do parto primitivo da Criação!
    Era o ruído-clarão,
    — O ígneo jato vulcânico
Que, atravessando a absconsa cripta enorme
    De minha cavernosa subconsciência,
    Punha em clarividência
Intramoleculares sóis acesos
Perpetuamente às mesmas formas presos,
Agarrados à inércia do Inorgânico
    Escravos da Coesão!

Repuxavam-me a boca hórridos trismos
   E eu sentia, afinal,
   Essa angústia alarmante
Própria de alienação raciocinante,
   Cheia de ânsias e medos
   Com crispações nos dedos
   Piores que os paroxismos
Da árvore que a atmosfera ultriz destronca.
A ouvir todo esse cosmos potencial,
Preso aos mineralógicos abismos
   Angustiado e arquejante
A debater-se na estreiteza bronca
   De um bloco de metal!

   Como que a forja tétrica
   Num estridor de estrago
Executava, em lúgubre *crescendo*
   A antífona assimétrica
E o incompreensível wagnerismo aziago
   De seu destino horrendo!

Ao clangor de tais carmes de martírio
Em cismas negras eu recaio imerso
   Buscando no delírio
De uma imaginação convulsionada
Mais revolta talvez de que a onda atlântica,
   Compreender a semântica
Dessa aleluia bárbara gritada
Às margens glacialíssimas do Nada
Pelas coisas mais brutas do Universo!

O CANTO DOS PRESOS

Troa, a alardear bárbaros sons abstrusos,
O epitalâmio da Suprema Falta,
Entoado asperamente, em voz muito alta,
Pela promiscuidade dos reclusos!

No wagnerismo desses sons confusos,
Em que o Mal se engrandece e o Ódio se exalta,
Uiva, à luz de fantástica ribalta,
A ignomínia de todos os abusos!

É a prosódia do cárcere, é a partênea
Aterradoramente heterogênea
Dos grandes transviamentos subjetivos...

É a saudade dos erros satisfeitos,
Que, não cabendo mais dentro dos peitos,
Se escapa pela boca dos cativos!

VÍTIMA DO DUALISMO

Ser miserável dentre os miseráveis
— Carrego em minhas células sombrias
Antagonismos irreconciliáveis
E as mais opostas idiossincrasias!

Muito mais cedo do que o imagináveis
Eis-vos, minha alma, enfim, dada às bravias
Cóleras dos dualismos implacáveis
E à gula negra das antinomias!

Psiquê biforme, o Céu e o Inferno absorvo...
Criação a um tempo escura e cor-de-rosa,
Feita dos mais variáveis elementos,

Ceva-se em minha carne, como um corvo,
A simultaneidade ultramonstruosa
De todos os contrastes famulentos!

AO LUAR

Quando, à noite, o Infinito se levanta
À luz do luar, pelos caminhos quedos
Minha tátil intensidade é tanta
Que eu sinto a alma do Cosmos nos meus dedos!

Quebro a custódia dos sentidos tredos
E a minha mão, dona, por fim, de quanta
Grandeza o Orbe estrangula em seus segredos,
Todas as coisas íntimas suplanta!

Penetro, agarro, ausculto, apreendo, invado,
Nos paroxismos da hiperestesia,
O Infinitésimo e o Indeterminado...

Transponho ousadamente o átomo rude
E, transmudado em rutilância fria,
Encho o Espaço com a minha plenitude!

A UM EPILÉTICO

Perguntarás quem sou?! — ao suor que te unta,
À dor que os queixos te arrebenta, aos trismos
Da epilepsia horrenda, e nos abismos
Ninguém responderá tua pergunta!

Reclamada por negros magnetismos
Tua cabeça há de cair, defunta
Na aterradora operação conjunta
Da tarefa animal dos organismos!

Mas após o antropófago alambique
Em que é mister todo o teu corpo fique
Reduzido a excreções de sânie e lodo,

Como a luz que arde, virgem, num monturo,
Tu hás de entrar completamente puro
Para a circulação do Grande Todo!

MINHA ÁRVORE

Olha: é um triângulo estéril de ínvia estrada!
Como que a erva tem dor... Roem-na amarguras
Talvez humanas, e entre rochas duras
Mostra ao Cosmos a face degradada!

Entre os pedrouços maus dessa morada
É que, às apalpadelas e às escuras,
Hão de encontrar as gerações futuras
Só, minha árvore humana desfolhada!

Mulher nenhuma afagará meu tronco!
Eu não me abalarei, nem mesmo ao ronco
Do furacão que, rábido, remoinha...

Folhas e frutos, sobre a terra ardente
Hão de encher outras árvores! Somente
Minha desgraça há de ficar sozinha!

À MESA

Cedo à sofreguidão do estômago. É a hora
De comer. Coisa hedionda! Corro. E agora,
Antegozando a ensanguentada presa,
Rodeado pelas moscas repugnantes,
Para comer meus próprios semelhantes
     Eis-me sentado à mesa!

Como porções de carne morta... Ai! Como
Os que, como eu, têm carne, com este assomo
Que a espécie humana em comer carne tem!...
Como! E pois que a Razão me não reprime,
Possa a terra vingar-se do meu crime
     Comendo-me também.

MÃOS

Há mãos que fazem medo
Feias agregações pentagonais,
Umas, em sangue, a delinquentes natos,
Assinalados pelo mancinismo,
    Pertencentes talvez...
Outras, negras, a farpas de rochedo
    Completamente iguais...
Mãos de linhas análogas a anfratos
Que a Natureza onicriadora fez
Em contraposição e antagonismo
Às da estrela, às da neve, às dos cristais.

Mãos que adquiriram olhos, pituitárias
Olfativas, tentáculos sutis
E à noite, vão cheirar, quebrando portas
O azul gasofiláceo silencioso
    Dos tálamos cristãos.
Mãos adúlteras, mãos mais sanguinárias
E estupradoras do que os bisturis
Cortando a carne em flor das crianças mortas.
    Monstruosíssimas mãos,
Que apalpam e olham com lascívia e gozo
A pureza dos corpos infantis.

VERSOS A UM COVEIRO

Numerar sepulturas e carneiros,
Reduzir carnes podres a algarismos,
Tal é, sem complicados silogismos,
A aritmética hedionda dos coveiros!

Um, dois, três, quatro, cinco... Esoterismos
Da Morte! E eu vejo, em fúlgidos letreiros,
Na progressão dos números inteiros
A gênese de todos os abismos!

Oh! Pitágoras da última aritmética,
Continua a contar na paz ascética
Dos tábidos carneiros sepulcrais

Tíbias, cérebros, crânios, rádios e úmeros,
Porque, infinita como os próprios números,
A tua conta não acaba mais!

TREVAS

Haverá, por hipótese, nas geenas
Luz bastante fulmínea que transforme
Dentro da noite cavernosa e enorme
Minhas trevas anímicas serenas?!

Raio horrendo haverá que as rasgue apenas?!
Não! Porque, na abismal substância informe,
Para convulsionar a alma que dorme
Todas as tempestades são pequenas!

Há de a Terra vibrar na ardência infinda
Do éter em branca luz transubstanciado,
Rotos os nimbos maus que a obstruem a esmo...

A própria Esfinge há de falar-vos ainda
E eu, somente eu, hei de ficar trancado
Na noite aterradora de mim mesmo!

AS MONTANHAS

I

Das nebulosas em que te emaranhas
Levanta-te, alma, e dize-me, afinal,
Qual é, na natureza espiritual,
A significação dessas montanhas!

Quem não vê nas graníticas entranhas
A subjetividade ascensional
Paralisada e estrangulada, mal
Quis erguer-se a cumíadas tamanhas?!

Ah! Nesse anelo trágico de altura
Não serão as montanhas, porventura,
Estacionadas, íngremes, assim,

Por um abortamento de mecânica,
A representação ainda inorgânica
De tudo aquilo que parou em mim?!

II

Agora, oh! deslumbrada alma, perscruta
O puerpério geológico interior,
De onde rebenta, em contrações de dor,
Toda a sublevação da crusta hirsuta!

No curso inquieto da terráquea luta
Quantos desejos férvidos de amor
Não dormem, recalcados, sob o horror
Dessas agregações de pedra bruta?!

Como nesses relevos orográficos,
Inacessíveis aos humanos tráficos
Onde sóis, em semente, amam jazer,

Quem sabe, alma, se o que ainda não existe
Não vive em gérmen no agregado triste
Da síntese sombria do meu Ser?!

A NAU

A Heitor Lima

Sôfrega, alçando o hirto esporão guerreiro,
Zarpa. A íngreme cordoalha úmida fica...
Lambe-lhe a quilha a espúmea onda impudica
E ébrios tritões, babando, haurem-lhe o cheiro!

Na glauca artéria equórea ou no estaleiro
Ergue a alta mastreação, que o Éter indica,
E estende os braços de madeira rica
Para as populações do mundo inteiro!

Aguarda-a ampla reentrância de angra horrenda,
Para e, a amarra agarrada à âncora, sonha!
Mágoas, se as tem, subjugue-as ou disfarce-as...

E não haver uma alma que lhe entenda
A angústia transoceânica medonha
No rangido de todas as enxárcias!

VOLÚPIA IMORTAL

Cuidas que o genesíaco prazer,
Fome do átomo e eurítmico transporte
De todas as moléculas, aborte
Na hora em que a nossa carne apodrecer?!

Não! Essa luz radial, em que arde o Ser,
Para a perpetuação da Espécie forte,
Tragicamente, ainda depois da morte,
Dentro dos ossos, continua a arder!

Surdos destarte a apóstrofes e brados,
Os nossos esqueletos descarnados,
Em convulsivas contorções sensuais,

Haurindo o gás sulfídrico das covas,
Com essa volúpia das ossadas novas
Hão de ainda se apertar cada vez mais!

O FIM DAS COISAS

Pode o homem bruto, adstrito à ciência grave,
Arrancar, num triunfo surpreendente,
Das profundezas do Subconsciente
O milagre estupendo da aeronave!

Rasgue os broncos basaltos negros, cave,
Sôfrego, o solo sáxeo; e, na ânsia ardente
De perscrutar o íntimo do orbe, invente
A lâmpada aflogística de Davy!

Em vão! Contra o poder criador do Sonho
O Fim das Coisas mostra-se medonho
Como o desaguadouro atro de um rio...

E quando, ao cabo do último milênio,
A humanidade vai pesar seu gênio
Encontra o mundo, que ela encheu, vazio!

A NOITE

A nebulosidade ameaçadora
Tolda o éter, mancha a gleba, agride os rios
E urde amplas teias de carvões sombrios
No ar que álacre e radiante, há instantes, fora.

A água transubstancia-se. A onda estoura
Na negridão do oceano e entre os navios
Troa bárbara zoada de ais bravios,
Extraordinariamente atordoadora.

À custódia do anímico registro
A planetária escuridão se anexa...
Somente, iguais a espiões que acordam cedo,

Ficam brilhando com fulgor sinistro
Dentro da treva onímoda e complexa
Os olhos fundos dos que estão com medo!

A OBSESSÃO DO SANGUE

Acordou, vendo sangue... Horrível! O osso
Frontal em fogo... Ia talvez morrer,
Disse. Olhou-se no espelho. Era tão moço,
Ah! Certamente não podia ser!

Levantou-se. E, eis que viu, antes do almoço,
Na mão dos açougueiros, a escorrer
Fita rubra de sangue muito grosso,
A carne que ele havia de comer!

No inferno da visão alucinada,
Viu montanhas de sangue enchendo a estrada,
Viu vísceras vermelhas pelo chão...

E amou, com um berro bárbaro de gozo,
O monocromatismo monstruoso
Daquela universal vermelhidão!

VOX VICTIMAE

Morto! Consciência quieta haja o assassino
Que me acabou, dando-me ao corpo vão
Esta volúpia de ficar no chão
Fruindo na tabidez sabor divino!

Espiando o meu cadáver ressupino,
No mar da humana proliferação,
Outras cabeças aparecerão
Para compartilhar do meu destino!

Na festa genetlíaca do Nada,
Abraço-me com a terra atormentada
Em contubérnio convulsionador...

E ai! Como é boa esta volúpia obscura
Que une os ossos cansados da criatura
Ao corpo ubiquitário do Criador!

MÁGOAS

Quando nasci, num mês de tantas flores,
Todas murcharam, tristes, langorosas,
Tristes fanaram redolentes rosas,
Morreram todas, todas sem olores.

Mais tarde da existência nos verdores
Da infância nunca tive as venturosas
Alegrias que passam bonançosas,
Oh! Minha infância nunca tive flores!

Volvendo à quadra azul da mocidade,
Minh'alma levo aflita à Eternidade,
Quando a morte matar meus dissabores.

Cansado de chorar pelas estradas,
Exausto de pisar mágoas pisadas,
Hoje eu carrego a cruz de minhas dores!

[1900]

O CONDENADO

> Folga a Justiça e geme a natureza
>
> Bocage

Alma feita somente de granito,
Condenada a sofrer cruel tortura
Pela rua sombria d'amargura
— Ei-lo que passa — réprobo maldito.

Olhar ao chão cravado e sempre fito,
Parece contemplar a sepultura
Das suas ilusões que a desventura
Desfez em pó no hórrido delito.

E, à cruz da expiação subindo mudo,
A vida a lhe fugir já sente prestes
Quando ao golpe do algoz, calou-se tudo.

O mundo é um sepulcro de tristeza.
Ali, por entre matas de ciprestes,
Folga a justiça e geme a natureza.

[1901]

SONETO

Ouvi, senhora, o cântico sentido
Do coração que geme e s'estertora
N'ânsia letal que mata e que o devora
E que tornou-o assim, triste e descrido.

Ouvi, senhora, amei; de amor ferido,
As minhas crenças que alentei outrora
Rolam dispersas, pálidas agora,
Desfeitas todas num guaiar dorido.

E como a luz do sol vai-se apagando!
E eu, triste, triste pela vida afora,
Eterno pegureiro caminhando,

Revolvo as cinzas de passadas eras,
Sombrio e mudo e glacial, senhora,
Como um coveiro a sepultar quimeras!

[1901]

INFELIZ

Alma viúva das paixões da vida,
Tu que, na estrada da existência em fora,
Cantaste e riste, e na existência agora
Triste soluças a ilusão perdida;

Oh! tu, que na grinalda emurchecida
De teu passado de felicidade
Foste juntar os goivos da Saudade
Às flores da Esperança enlanguescida;

Se nada te aniquila o desalento
Que te invade, o pesar negro e profundo,
Esconde à Natureza o sofrimento,

E fica no teu ermo entristecida,
Alma arrancada do prazer do mundo,
Alma viúva das paixões da vida.

[1901]

SONETO

N'augusta solidão dos cemitérios,
Resvalando nas sombras dos ciprestes,
Passam meus sonhos sepultados nestes
Brancos sepulcros, pálidos, funéreos.

São minhas crenças divinais, ardentes
— Alvos fantasmas pelos merencórios
Túmulos tristes, soturnais, silentes,
Hoje rolando nos umbrais marmóreos,

Quando da vida, no eternal soluço,
Eu choro e gemo e triste me debruço
Na laje fria dos meus sonhos pulcros,

Desliza então a lúgubre coorte.
E rompe a orquestra sepulcral da morte,
Quebrando a paz suprema dos sepulcros.

[1901]

NOIVADO

Os namorados ternos suspiravam,
Quando há de ser o venturoso dia?!
Quando há de ser?! O noivo então dizia
E a noiva e ambos d'amores s'embriagavam.

E a mesma frase o noivo repetia;
Fora no campo pássaros trinavam.
Quando há de ser?! E os pássaros falavam,
Há de chegar, a brisa respondia.

Vinha rompendo a aurora majestosa,
Dos rouxinóis ao sonoroso harpejo
E a luz do sol vibrava esplendorosa.

Chegara enfim o dia desejado,
Ambos unidos, soluçara um beijo,
Era o supremo beijo de noivado!

[1901]

SONETO

No meu peito arde em chamas abrasada
A pira da vingança reprimida,
E em centelhas de raiva ensurdecida
A vingança suprema e concentrada

E espuma e ruge a cólera entranhada,
Como no mar a vaga embravecida
Vai bater-se na rocha empedernida,
Espumando e rugindo em marulhada

Mas se das minhas dores ao calvário,
Eu subo na atitude dolorida
De um Cristo a redimir um mundo vário,

Em luta co'a natura sempiterna,
Já que do mundo não vinguei-me em vida,
A morte me será vingança eterna.

[1901]

TRISTE REGRESSO

A Dias Paredes

Uma vez um poeta, um tresloucado,
Apaixonou-se d'uma virgem bela;
Vivia alegre o vate apaixonado,
Louco vivia, enamorado dela.

Mas a Pátria chamou-o. Era soldado,
E tinha que deixar pra sempre aquela
Meiga visão, olímpica e singela?!
E partiu, coração amargurado.

Dos canhões ao ribombo, e das metralhas,
Altivo lutador, venceu batalhas,
juncou-lhe a fronte aurifulgente estrela.

E voltou, mas a fronte aureolada,
Ao chegar, pendeu triste e desmaiada,
No scpulcro da loura virgem bela.

[1901]

AMOR E RELIGIÃO

Conheci-o: era um padre, um desses santos
Sacerdotes da Fé de crença pura,
Da sua fala na eternal doçura
Falava o coração. Quantos, oh! Quantos

Ouviram dele frases de candura
Que d'infelizes enxugavam prantos!
E como alegres não ficaram tantos
Corações sem prazer e sem ventura!

No entanto dizem que este padre amara.
Morrera um dia desvairado, estulto,
Su'alma livre para o céu se alara.

E Deus lhe disse: "És duas vezes santo,
Pois se da Religião fizeste culto,
Foste do amor o mártir sacrossanto".

[1901]

SONETO

>Ao meu prezado irmão Alexandre Júnior
>pelas nove primaveras que hoje completou.

Canta no espaço a passarada e canta
Dentro do peito o coração contente,
Tu'alma ri-se descuidosamente,
Minh'alma alegre no teu rir s'encanta.

Irmão querido, bom Papá, consente
Que neste dia de ventura tanta
Vá, num abraço de ternura santa,
Mostrar-te o afeto que meu peito sente.

Somente assim festejarei teus anos;
Enquanto outros que podem, dão-te enganos,
Joias, bonecos de formoso busto,

Eu só encontro no primor da rima
A justa oferta, a joia que te exprima
O amor fraterno do teu mano
>>>Augusto

[1901]

SAUDADE

Hoje que a mágoa me apunhala o seio,
E o coração me rasga atroz, imensa,
Eu a bendigo da descrença em meio
Porque eu hoje só vivo da descrença.

À noite quando em funda soledade
Minh'alma se recolhe tristemente,
Pra iluminar-me a alma descontente,
Se acende o círio triste da Saudade.

E assim afeito às mágoas e ao tormento,
E à dor e ao sofrimento eterno afeito,
Para dar vida à dor e ao sofrimento,

Da Saudade na campa enegrecida
Guardo a lembrança que me sangra o peito,
Mas que no entanto me alimenta a vida.

[1901]

A ESMOLA DE DULCE

Ao Alfredo A.

E todo o dia eu vou como um perdido
De dor, por entre a dolorosa estrada,
Pedir a Dulce, a minha bem-amada
A esmola dum carinho apetecido.

E ela fita-me, o olhar enlanguescido,
E eu balbucio trêmula balada:
— Senhora dai-me u'a esmola — e estertorada
A minha voz soluça num gemido.

Morre-me a voz, e eu gemo o último harpejo,
Estendendo à Dulce a mão, a fé perdida,
E dos lábios de Dulce cai um beijo.

Depois, como este beijo me consola!
Bendita seja a Dulce! A minha vida
Estava unicamente nessa esmola.

[1902]

SONETO

Gênio das trevas lúgubres, acolhe-me,
Leva-me o esp'rito dessa luz que mata,
E a alma me ofusca e o peito me maltrata,
E o viver calmo e sossegado tolhe-me!

Leva-me, obumbra-me em teu seio, acolhe-me
N'asa da Malte redentora, e à ingrata
Luz deste mundo em breve me arrebata
E num *pallium* de tênebras recolhe-me!

Aqui há muita luz e muita aurora.
Há perfumes d'amor — venenos d'alma —
E eu busco a plaga onde o repouso mora,

E as trevas moram, e, onde d'água raso
O olhar não trago, nem me turba a calma
A aurora deste amor que é o meu ocaso!

[1902]

O MAR

O mar é triste como um cemitério;
Cada rocha é uma eterna sepultura
Banhada pela imácula brancura
De ondas chorando num alvor etéreo.

Ah! dessas vagas no bramir funéreo
Jamais vibrou a sinfonia pura
Do Amor; lá, só descanta, dentre a escura
Treva do oceano, a voz do meu saltério!

Quando a cândida espuma dessas vagas,
Banhando a fria solidão das fragas,
Onde a quebrar-se tão fugaz se esfuma,

Reflete a luz do sol que já não arde,
Treme na treva a púrpura da tarde,
Chora a Saudade envolta nesta espuma!

[1902]

SONETO

Aurora morta, foge! Eu busco a virgem loura
Que fugiu-me do peito ao teu clarão de morte
E Ela era a minha estrela, o meu único Norte,
O grande Sol de afeto — o Sol que as almas doura!

Fugiu... E em si levou a Luz consoladora
Do amor — esse clarão eterno d'alma forte —
Astro da minha Paz, Sírius da minha Sorte
E da Noite da vida a Vênus redentora.

Agora, oh! Minha Mágoa, agita as tuas asas,
Vem! Rasga deste peito as nebulosas gazas
E, num pálio auroral de Luz deslumbradora,

Ascende à Claridade. Adeus oh! Dia escuro,
Dia do meu passado! Irrompe, meu Futuro;
Aurora morta, foge — eu busco a virgem loura!

[1902]

SONETO

Canta teu riso esplêndido sonata,
E há, no teu riso de anjos encantados,
Como que um doce tilintar de prata
E a vibração de mil cristais quebrados.

Bendito o riso assim que se desata
— Cítara suave dos apaixonados,
Sonorizando os sonhos já passados,
Cantando sempre em trínula volata!

Aurora ideal dos dias meus risonhos,
Quando, úmido de beijos em ressábios
Teu riso esponta, despertando sonhos...

Ah! Num delíquio de ventura louca,
Vai-se minh'alma toda nos teus beijos,
Ri-se o meu coração na tua boca!

[1902]

CRAVO DE NOIVA

Ao Dias Paredes

Cravo de noiva. A nívea cor de cera
Que o seu seio branqueia, é como os prantos
Níveos, que a virgem chora, entre os encantos
Dum noivado risonho em primavera.

Flor de mistérios d'alma, sacrossantos,
Guarda segredos divinais que eu dera
Duas vidas, se duas eu tivera
Pra desvendar os seus segredos santos.

E tudo quer que nessa flor se enleve
O poeta. É que dessa concha armínea,
Da lactescência angélica da neve,

Se evolam castos, virginais aromas
De essência estranha; olências de virgínea
Carne fremindo num langor de pomas.

[1902]

PLENILÚNIO

Desmaia o plenilúnio. A gaze pálida
Que lhe serve de alvíssimo sudário
Respira essências raras, toda a cálida
Mística essência desse alampadário.

E a lua é como um pálido sacrário,
Onde as almas das virgens em crisálida
De seios alvos e de fronte pálida,
Derramam a urna dum perfume vário.

Voga a lua na etérea imensidade!
Ela, eterna noctâmbula do Amor,
Eu, noctâmbulo da Dor e da Saudade.

Ah! Como a branca e merencória lua,
Também envolta num sudário — a Dor,
Minh'alma triste pelos céus flutua!

[1902]

DOLÊNCIAS

Oh! Lua morta de minha vida,
    Os sonhos meus
Em vão te buscam, andas perdida
E eu ando em busca dos rastos teus...

Vago sem crenças, vagas sem norte,
Cheia de brumas e enegrecida,
Ah! Se morreste pra minha vida!
Vive, consolo de minha morte!

Baixa, portanto, coração ermo
    De lua fria
À plaga triste, plaga sombria
Dessa dor lenta que não tem termo.

Tu que tombaste no caos extremo
Da Noite imensa do meu Passado,
Sabes da angústia do torturado...
Ah! Tu bem sabes por que é que eu gemo!

Instilo mágoas saudoso, e enquanto
Planto saudades num campo morto,
Ninguém ao menos dá-me um conforto,
Um só ao menos! E no entretanto

Ninguém me chora! Ah! Se eu tombar
    Cedo na lida...
Oh! Lua fria vem me chorar
Oh! Lua morta da minha vida!

[1902]

CÍTARA MÍSTICA

Cantas... E eu ouço etérea cavatina!
Há nos teus lábios — dois sangrentos círios —
A gêmea florescência de dois lírios
Entrelaçados numa unção divina.

Como o santo levita dos Martírios,
Rendo piedosa dúlia peregrina
À tua doce voz que me fascina,
— Harpa virgem brandindo mil delírios!

Quedo-me aos poucos, penseroso e pasmo,
E a Noite afeia como num sarcasmo
E agora a sombra vesperal morreu...

Chegou a Noite... E para mim, meu anjo,
Teu canto agora é um salmodiar de arcanjo,
É a música de Deus que vem do Céu!

[1902]

SÚPLICA NUM TÚMULO

Maria, eis-me a teus pés. Eu venho arrependido,
Implorar-te o perdão do imenso crime meu!
Eis-me, pois, a teus pés, perdoa o teu vencido,
Açucena de Deus, lírio morto do Céu!

Perdão! E a minha voz estertora um gemido,
E o lábio meu pra sempre apartado do teu
Não há de beijar mais o teu lábio querido!
Ah! Quando tu morreste, o meu Sonho morreu!

Perdão, pátria da Aurora exilada do Sonho!
— Irei agora, assim, pelo mundo, para onde
Me levar o Destino abatido e tristonho...

Perdão! E este silêncio e esta tumba que cala!
Insânia, insânia, insânia, ah! ninguém me responde...
Perdão! E este sepulcro imenso que não fala!

[1902]

AFETOS

Bendito o amor que infiltra n'alma o enleio
E santifica da existência o cardo,
— Amor que é mirra e que é sagrado nardo,
Turificando a languidez dum seio!

O amor, porém, que da Desgraça veio
Maldito seja, seja como o fardo
Desta descrença funeral em que ardo
E com que o fogo da paixão ateio!

Funambulescamente a alma se atira
À luta das paixões, e, como a Aurora
Que ao beijo vesperal anseia e expira,

Desce para a alma o ocaso da Carícia
Ora em sonhos de Dor, supremos, e ora
Em contorções supremas de Delícia!

[1902]

MARTÍRIO SUPREMO

Duma Quimera ao fascinante abraço,
Por um Cocito ardente e luxurioso,
Onde nunca gemeu o humano passo,
Transpus um dia o Inferno Azul do Gozo!

O amor em lavas de candência d'aço,
Banhou-me o peito... Em ânsia de repouso,
Da Messalina fria no regaço,
Chora saudades do terreno pouso!

Como um mártir de estranho sacrifício,
Tinha os lábios crestados pela ardência
Da luz letal do grande Sol do Vício!

E mergulhei mais fundo no estuário...
Mas, no Inferno do Gozo, sem Calvário,
Cristo d'amor morri pela Inocência!

[1902]

RÉGIO

Festa no paço! Noite... E no entretanto
Luzes, flores, clarões por toda a festa
E há nos régios salões, em cada aresta,
Credências d'ouro de supremo encanto.

No baldaquino a orquestra real se apresta
E o áureo dossel finge um relevo santo...
— Bissos egípcios d'alto gosto, a um canto,
Flordilisados de nelumbo e giesta.

Morreu a noite e veio o Sol Eterno
— Âmbar de sangue que desceu do Inferno
No turbilhão dos alvos raios diurnos...

Brilham no paço refulgências de elmo
E a princesa assomou como um santelmo
Na realeza branca dos coturnos.

[1902]

MÁRTIR DA FOME

Nesta da vida lúgubre caverna
De ossos e frios funerais que eu sinto
Como um chacal saciando o eterno instinto
Vou saciando a minha fome Eterna.

— Fome de sangue de um Passado extinto,
De extintas crenças — bacanal superna,
Horrível assim como a Hidra de Lerna
E muda como o bronze de Corinto!

Ânsias de sonhos, desespero fundo!
E a alma que sonha no marnel do Mundo,
Morre de Fome pelas noites belas...

E como o Cristo — o Mártir do Calvário
Morre. E no entanto vai para o estelário
Matar a Fome num festim de estrelas!

[1902]

IDEALIZAÇÕES

A Santos Neto

I

Em vão flameja, rubro, ígneo, sangrento
O sol; e, fulvos, aos astrais desígnios,
Raios flamejam e fuzilam, ígneos,
Nas chispas fulvas de um vulcão violento!

É tudo em vão! Atrás da luz dourada,
Negras, pompeiam (triste maldição!)
— Asas de corvo pelo coração...
— Crepúsculo fatal vindo do Nada!

Que importa o Sol! A Treva, a Sombra — eis tudo!
E no meu peito — condensada treva —
A Sombra desce, e o meu pesar se eleva
E chora e sangra, mudo, mudo, mudo...

E há no meu peito — ocaso nunca visto,
Martirizado porque nunca dorme
As Sete Chagas dum martírio enorme,
E os Sete Passos que magoaram Cristo!

II

Agora dorme o astro de sangue e de ouro
Como um sultão cansado! As nuvens como
Odaliscas, da Noite ao negro assomo
Beijam-lhe o corpo ensanguentado d'ouro.

Legiões de névoas mortas e finadas
Como fragmentações d'ouro e basalto
Lembram guirlandas pompeando no Alto
Eterizadas, volaterizadas.

E a Noite emerge, santa e vitoriosa
Dentre um *velarium* de veludos. Atros,
Descem os nimbos... No ar há malabatros
Turiferando a negridão tediosa.

Além, dourando as névoas dos espaços,
Na majestade dum condor bendito,
Subindo à majestade do Infinito,
A Via-Láctea vai abrindo os braços!

Áureas estrelas, alvas, luminosas,
Trazem no peito o branco das manhãs
E dormem brancas como leviatãs
Sobre o oceano astral das nebulosas.

Eu amo a noite que este Sol arranca!
Namoro estrelas... Sírius me deslumbra,
Vésper me encanta, e eu beijo na penumbra
A imagem lirial da Noite Branca.

III

De novo, a Aurora, entre esplendores, há-de
Alva, se erguer, como tombou outrora,
E como a Aurora — o Sol — hóstia da Aurora,
Abençoada pela Eternidade!

E ei-lo de novo, ontem moribundo,
Hoje de novo, curvo ao seu destino,
Fantástico, ciclópico, assassino
Ébrio de fogo, dominando o mundo!

Mas de que serve o Sol, se triste em cada
Raio que tomba no marnel da terra,
Mais em meu peito uma ilusão se enterra,
Mais em minh'alma um desespero brada?!

De que serve, se, à luz áurea que dele
Emana e estua e se refrange e ferve,
A Mágoa ferve e estua, de que serve
Se é desespero e maldição todo ele?!

Pois, de que serve, se, aclarando os cerros
E engalanando os arvoredos gaios,
A alma se abate, como se esses raios
N'alma caindo, se tornassem ferros?!

IV

Poeta, em vão na luz do sol te inflamas,
E nessa luz queimas-te em vão! És todo
Pó, e hás de ser após as chamas, lodo,
Como Herculanum foi após as chamas.

Ah! Como tu, em lodo tudo acaba,
O leão, o tigre, o mastodonte, a lesma,
Tudo por fim há de acabar na mesma
Tênebra que hoje sobre ti desaba.

Ninguém se exime dessa lei imensa
Que, em plena e fulva reverberação,
Arrasta as almas pela Escuridão,
E arrasta os corações pela Descrença.

Ergue, pois, poeta, um pedestal de tanta
Treva e dor tanta, e num supremo e insano
E extraordinário e grande e sobre-humano
Esforço, sobe ao pedestal, e... Canta!

Canta a Descrença que passou cortando
As tuas ilusões pelas raízes,
E em vez de chagas e de cicatrizes
Deixar, foi valas funerais deixando.

E foi deixando essas funéreas, frias,
Medonhas valas, onde, como abutres
Medonhos, de ossos, de ilusões te nutres,
Vives de cinzas e de ruinarias!

V

Agora é noite! E na estelar coorte,
Como recordação da festa diurna,
Geme a pungente orquestração noturna
E chora a fanfarra triunfal da Morte.

Então, a Lua que no céu se espalha,
Iluminando as serranias, banha
As serranias duma luz estranha,
Alva como um pedaço de mortalha!

Nessa música que a alma me ilumina
Tento esquecer as minhas próprias dores,
Canto, e minh'alma cobre-se de flores
— Fera rendida à música divina.

Harpas concertam! Brandas melodias
Plangem... Silêncio! mas de novo as harpas
Reboam pelo mar, pelas escarpas,
Pelos rochedos, pelas penedias...

Eu amo a Noite que este Sol arranca!
Namoro estrelas... Sírius me deslumbra,
Vésper me encanta, e eu beijo na penumbra
A imagem lirial da Noite Branca!

[1903]

FESTIVAL

Para Jônatas Costa

Címbalos soam no salão. O dia
Foge, e ao compasso arrabis serenos
A valsa rompe, em compassados trenos
Sobre os veludos da tapeçaria.

Estatuetas de mármore de Lemnos
Estão dispostas numa simetria
Inconfundível, recordando a estria
Dos corpos níveos de Afrodite e Vênus.

Fulgem por entre mil cristais vermelhos
O alvo cristal dos nítidos espelhos
E a sede verde dos arbustos glabros.

E em meio às refrações verdes e hialinas,
Vibra, batendo em todas as retinas,
A incandescência irial dos candelabros.

[1904]

A VITÓRIA DO ESPÍRITO

Era uma preta, funeral mesquita,
Abandonada aos lobos e aos leopardos
Numa floresta lúgubre e esquisita.

Engalanava-lhe as paredes frias
Uma coroa de urzes e de cardos
Coberta em pálio pelas laçarias.

Uma vez, aos lampejos derradeiros
Das irisadas vespertinas velas,
Feras rompiam tojos e balseiros.

E pelas catacumbas desprezadas,
Mochos vagavam como sentinelas,
Em atalaia às gerações passadas!

Um crepúsculo imenso, nunca visto
Tauxiava o Céu de grandes roxos
Da mesma cor da túnica de Cristo.

Fulgia em tudo uma estriação violeta
E um violáceo clarão banhava os mochos
Que em torno estavam da mesquita preta.

Já na eminência da amplidão sidérea
Como uma umbela, se desenrolava
A esteira astral da retração etérea.

Os astros mortos refulgiam vivos
E a noite, ampla e brilhante, rutilava
Lantejoulada de opalinos crivos.

Súbito alguém, o passo constrangendo,
Parou em frente da mesquita morta...
— Um vento frio começou gemendo.

Era uma viúva, e o olhar errante, a viúva,
Em passo lento, foi transpondo a porta,
Eternamente aberta ao sol e à chuva.

A Luz encheu o espaço sem limites
E, dentro, nos altares esboroados,
Foram caindo como estalactites

Sobre o ouro e a prata das alfaias priscas
Um dilúvio de fósforos prateados
E uma chuva doirada de faíscas.

Fora, entretanto, por um chão de onagras
Vinha passeando como numa viagem
Um grupo feio de panteras magras.

E havia no atro olhar dessas panteras
Essa alegria doida de carnagem
Que é a alegria única das feras.

E ardendo na impulsão das ânsias doidas
E em sevas fúrias infernais ardendo
Todas as feras, as panteras todas

Avançam para a viúva desvalida.
E raivosas, contra ela, arremetendo,
Tiram-lhe todas ali mesmo a vida.

Morria a noite. As flâmulas altivas
Do sol nascente erguiam-se vermelhas,
Como uma exposição de carnes vivas.

E iam cair em pérolas de sangue
Sobre as asas doiradas das abelhas,
E sobre o corpo da viúva exangue.

A Natureza celebrava a festa
Do astro glorioso em cantos e baladas
— O próprio Deus cantava na floresta!

Nos arvoredos rejuvenescidos,
Estrugiam canções desesperadas
De misereres e de sustenidos.

Além, entanto, na redoma clara
Que envolve a porta da região etérea,
O espírito da viúva se quedara

Ao contemplar dessa fulgente porta
E dessa clara e alva redoma aérea,
No desfilar de sua carne morta
A transitoriedade da matéria!

[1904]

NOTURNO

Chove. Lá fora os lampiões escuros
Semelham monjas a morrer... Os ventos,
Desencadeados, vão bater, violentos,
De encontro às torres e de encontro aos muros.

Saio de casa. Os passos mal seguros
Trêmulo movo, mas meus movimentos
Susto, diante do vulto dos conventos,
Negro, ameaçando os séculos futuros!

De São Francisco no plangente bronze
Em badaladas compassadas onze
Horas soaram... Surge agora a Lua.

E eu sonho erguer-me aos páramos etéreos
Enquanto a chuva cai nos cemitérios
E o vento apaga os lampiões da rua!

[1904]

SONETO

Para quem tem na vida compreendido
Toda a grandeza da Fraternidade
O aniversário dum irmão querido
A alma de alegres emoções invade.

Depois quando no irmão estremecido
Fazem aliança o gênio e a probidade,
Atinge o amor um grau nunca atingido
No termômetro santo da Amizade.

O Alexandre dos Anjos merecia
Grandes coroas nesse grande dia,
Tesouros reais, auríferos tesouros...

Terá no entanto indubitavelmente
A admiração do século presente
E a sagração dos séculos vindouros!

[1905]

O NEGRO

Oh! Negro, oh! Filho da Hotentoia ufana
Teus braços brônzeos como dois escudos,
São dois colossos, dois gigantes mudos,
Representando a integridade humana!

Nesses braços de força soberana
Gloriosamente à luz do sol desnudos
Ao bruto encontro dos ferrões agudos
Gemeu por muito tempo a alma africana!

No colorido dos teus brônzeos braços,
Fulge o fogo mordente dos mormaços
E a chama fulge do solar brasido...

E eu cuido ver os múltiplos produtos
Da Terra — as flores e os metais e os frutos
Simbolizados nesse colorido!

[1905]

SENECTUDE PRECOCE

Envelheci. A cal da sepultura
Caiu por sobre a minha mocidade...
E eu que julgava em minha idealidade
Ver inda toda a geração futura!

Eu que julgava! Pois não é verdade?!
Hoje estou velho. Olha essa neve pura!
— Foi saudade? Foi dor? — Foi tanta agrura
Que eu nem sei se foi dor ou foi saudade!

Sei que durante toda a travessia
Da minha infância trágica, vivia,
Assim como uma casa abandonada.

Vinte e quatro anos em vinte e quatro horas...
Sei que na infância nunca tive auroras,
E afora disto, eu já nem sei mais nada!

[1905]

ANDRÉ CHÉNIER

Na real magnificência dos gigantes
Grave como um lacedemônio harmoste
André Chénier ia subir ao poste
A que Luís XVI subira dantes!

Que a sua morte a homem nenhum desgoste
E incite o heroísmo das nações distantes!...
Por isso, ele, a morrer, canta vibrantes
Versos divinos que arrebatam a hoste.

Não há quem nele um só tremor denote!
— Continua a cantar, a alma serena...
Mas, de repente, pressentindo a lousa,

Batendo com a cabeça no barrote
Da guilhotina, diz ao povo: — "É pena!
— Aqui ainda havia alguma cousa..."

[1905]

MYSTICA VISIO

Vinha passando pelo meu caminho
Um vulto estranhamente iluminado...
Para onde eu ia, o vulto ia a meu lado
E desde então, não andei mais sozinho!

Abraçou-me, beijou-me com um carinho
Que a um ser divino não seria dado...
E eu me elevava, sendo assim beijado
Muito acima do humano burburinho!

Falou-me de ilusões e de luares,
Da tribo alegre que povoa os ares...
— Assombrava-me aquela claridade!

Mas através daquelas falsas luzes
Pude rever enfim todas as cruzes
Que tem pesado sobre a Humanidade!

[1905]

CANTO ÍNTIMO

Meu amor, em sonhos erra,
Muito longe, altivo e ufano
Do barulho do oceano
E do gemido da terra!

o Sol está moribundo.
Um grande recolhimento
Preside neste momento
Todas as forças do Mundo.

De lá, dos grandes espaços,
Onde há sonhos inefáveis
Vejo os vermes miseráveis
Que hão de comer os meus braços.

Ah! Se me ouvisses falando!
(E eu sei que às dores resistes)
Dir-te-ia coisas tão tristes
Que acabarias chorando.

Que mal o amor me tem feito!
Duvidas?! Pois, se duvidas,
Vem cá, olha estas feridas,
Que o amor abriu no meu peito.

Passo longos dias, a esmo...
Não me queixo mais da sorte
Nem tenho medo da Morte
Que eu tenho a Morte em mim mesmo!

"Meu amor, em sonhos, erra,
Muito longe, altivo e ufano
Do barulho do oceano
E do gemido da terra!"

[1905]

ILUSÃO

Dizes que sou feliz. Não mentes. Dizes
Tudo que sentes. A infelicidade
Parece às vezes com a felicidade
E os infelizes mostram ser felizes!

Assim, em Tebas — a tumbal cidade,
A múmia de um herói do tempo de Ísis,
Ostenta ainda as mesmas cicatrizes
Que eternizaram sua heroicidade!

Quem vê o herói, inda com o braço altivo,
Diz que ele não morreu, diz que ele é vivo,
E, persuadido fica do que diz...

Bem como tu, que nessa crença infinda
Feliz me viste no Passado, e ainda
Te persuades de que sou feliz!

[1905]

GOZO INSATISFEITO

Entre o gozo que aspiro, e o sofrimento
De minha mocidade, experimento
O mais profundo e abalador atrito...
Queimam-me o peito cáusticos de fogo
Esta ânsia de absoluto desafogo
Abrange todo o círculo infinito.

Na insaciedade desse gozo falho
Busco no desespero do trabalho,
Sem um domingo ao menos de repouso,
Fazer parar a máquina do instinto,
Mas, quanto mais me desespero, sinto
A insaciabilidade desse gozo!

[1906]

A LUVA

            Para o Augusto Belmont

Pensa na glória! Arfa-lhe o peito, opresso.
— O pensamento é uma locomotiva —
Tem a grandeza duma força viva
Correndo sem cessar para o Progresso.

Que importa que, contra ele, horrendo e preto
O áspide abjeto do Pesar se mova!...
E só, no quadrilátero da alcova,
Vem-lhe à imaginação este soneto:

"A princípio escrevia simplesmente
Para entreter o espírito... Escrevia
Mais por impulso de idiossincrasia
Do que por uma propulsão consciente.

Entendi, depois disso, que devia,
Como Vulcano, sobre a forja ardente
Da ilha de Lemnos, trabalhar contente,
Durante as vinte e quatro horas do dia!

Riam de mim, os monstros zombeteiros.
Trabalharei assim dias inteiros,
Sem ter uma alma só que me idolatre...

Tenha a sorte de Cícero proscrito
Ou morra embora, trágico e maldito,
Como Camões morrendo sobre um catre!"

Nisto, abre, em ânsias, a tumbal janela
E diz, olhando o céu que além se expande:
"— A maldade do mundo é muito grande,
Mas meu orgulho ainda é maior do que ela!

Ruja a boca danada da profana
Coorte dos homens, com o seu grande grito,
Que meu orgulho do alto do Infinito
Suplantará a própria espécie humana!

Quebro montanhas e aos tufões resisto
Numa absoluta impassibilidade",
E como um desafio à Eternidade
Atira a luva para o próprio Cristo!

Chove. Sobre a cidade geme a chuva,
Batem-lhe os nervos, sacudindo-o todo,
E na suprema convulsão o doudo
Perece aos astros atirar a luva!

[1905]

A CARIDADE

No universo a caridade
Em contraste ao vício infando
É como um astro brilhando
Sobre a dor da humanidade!

Nos mais sombrios horrores
Por entre a mágoa nefasta
A caridade se arrasta
Toda coberta de flores!

Semeadora de carinhos
Ela abre todas as portas
E no horror das horas mortas
Vem beijar os pobrezinhos.

Torna as tormentas mais calmas
Ouve o soluço do mundo
E dentro do amor profundo
Abrange todas as almas.

O céu de estrelas se veste
Em fluidos de misticismo
Vibra no nosso organismo
Um sentimento celeste.

A alegria mais acesa
Nossas cabeças invade...
Glória, pois, à Caridade
No seio da Natureza!

   Estribilho

Cantemos todos os anos
Na festa da Caridade
A solidariedade
Dos sentimentos humanos.

[1914]

Este livro foi composto na tipografia
Sabon LTStd, em corpo 10,5/14,5, e impresso
em papel off-white no Sistema Digital Instant
Duplex da Divisão Gráfica da Distribuidora Record.